한 권으로 끝내는

문해력
첫 한자 漢字

전기현 지음 · 꽃비 그림

1
6~7세

카시오페아
Cassiopeia

문해력의 기초와
공부의 바탕이 되는 첫 한자

　모든 공부의 기초와 뿌리에는 '어휘력'이 자리하고 있습니다. 이 어휘력으로부터 아이들의 학습 이해가 시작되고 생각의 표현도 무궁무진해질 수 있지요. 게다가 어휘력은 글을 읽고 의미를 이해하는 능력인 '문해력'의 시작점이기도 하기에 그 중요성이 다른 무엇보다도 크다고 할 수 있습니다. 그런데 최근 우리 아이들의 국어 사용 모습을 보면 낱말을 그릇되게 사용하거나, '대박'과 같은 하나의 표현으로 여러 낱말을 대체하는 경우를 많이 목격할 수 있습니다. 문제는 이러한 어휘력 빈곤 현상이 일상생활은 물론, 수업 시간의 공부에도 지장을 준다는 점에 있습니다.

　우리말에는 수많은 한자가 녹아들어 있습니다. 절반을 훨씬 넘는 어휘가 한자어일 정도로 어휘력은 '한자'와 떼려야 뗄 수 없는 관계를 맺고 있습니다. 우리의 말과 글의 표현이 한글로 되어 있다고 해도, 뜻은 대부분 한자로 이루어져 있기에 한자를 알아야 제대로 뜻을 파악할 수 있습니다. 널리 알려졌듯 한글은 세계적으로 뛰어난 글자입니다. 덕분에 우리말과 한글만으로도 일상생활에 전혀 어려움이 없지요. 하지만 한글만 알아서는 제대로 공부하기가 어렵습니다. 한글이 그 자체로 뜻을 품고 있지는 않기 때문입니다. 아이들이 교실에서 만나는 실제 교과 관련 개념어의 대부분은 한자어에서 비롯되었습니다. 그래서 아이들이 개념어를 읽고 쓸 수는 있어도 그 뜻을 이해하는 데 어려움을 겪을 때가 많습니다. 가령 '서해(西海)'가 '서쪽으로 지는 해'인 줄 알고 문맥을 이해하거나, '용해(溶解)'의 뜻을 그저 대충 짐작만 하고 넘어가 깊이 이해하지 못하는 경우가 일어나곤 합니다.

하루는 수업을 진행하다가 '다른 나라로 망명하는 사람들이 늘어났습니다'라는 문장을 가르치게 되었습니다. 그때 '망명'이라는 낱말을 아는 아이들이 얼마나 되었을까요? 안타깝게도 대다수가 정확한 뜻을 모르고 있었습니다. '망(亡)'의 뜻이 '달아나다'라는 것을 추측한 아이는 있었어도, '명(命)'의 뜻을 정확히 아는 아이는 없었지요. '명(命)'이 '목숨'을 뜻하고 '망명'의 속뜻이 '달아나(亡) 목숨(命)을 유지함'임을 알았을 때 비로소 아이들은 고개를 끄덕였습니다.

이처럼 한자를 안다는 것은 어휘력을 키우는 데 있어 매우 효과적입니다. 모든 교과 공부의 바탕이 되는 어휘력, 그리고 문해력을 기를 수 있는 기초가 되기에 한자 학습은 필수적이라 할 수 있습니다. 한자를 접해본 아이들 역시 이 필요성을 스스로 인식하곤 합니다. 자신들의 이름이나 국어, 사회 등의 교과명이 모두 한자어라는 사실을 알고는 무척 놀라기도 하지요.

한자 공부의 필요성은 '동음이의어'가 많은 우리말의 특성에서도 찾을 수 있습니다. '의사'만 하더라도 사람의 병을 치료하는 '의사(醫師)', 의로운 지사를 가리키는 '의사(義士)', 무엇을 하고자 하는 생각을 뜻하는 '의사(意思)' 등 여러 가지가 있지요. 이러한 동음이의어의 구별은 문맥의 흐름만이 아닌, 한자로 그 속뜻을 파악할 때 제대로 이루어질 수 있습니다.

그렇다면 한자는 어떻게 익혀야 할까요? 그저 모양을 따라 쓰고 외워서는 안 됩니다. 한자 학습이 유의미하려면 '자원(字源)'과 연결된 이미지 학습과 한자어가 포함된 문장을 익히는 과정이 필요합니다. 다년간 제가 교실에서 직접 아이들을 지도한 결과, 다음의 단계에 따른 점증적인 한자 학습은 놀라운 성취로 이어졌습니다.

1단계 한자의 자원을 통한 '뜻'과 '소리' 정확히 알기

2단계 한자를 필순에 따라 바르게 쓰기

3단계 한자가 포함된 낱말을 익히고 짧은 문장 속에서 낱말 찾기

이와 같은 3단계 과정을 통해 아이들의 어휘력은 점진적으로 높아졌습니다. 어휘에 자신감을 가지는 아이들이 많아졌고, 문해력 또한 자연스럽게 길러져 독서를 즐겨 하는 아이들, 교과 공부에서 우수한 성적을 거두는 아이들이 많아졌습니다.

이 책에는 그 교육 연구와 실천 내용이 반영되어 있습니다. 우리 아이들이 어휘력과 문해력의 두 열매를 얻기를 바라는 마음으로 3단계 점층 학습법을 충실히 담았습니다. 주제와 난이도에 따라 총 세 권으로 나누어진 시리즈의 첫 번째 책인 『한 권으로 끝내는 문해력 첫 한자 1단계 6~7세』는 우리 세계의 바탕을 이루는 '수'와 '자연', 그리고 '나'로부터 점차 나아가 '학교생활'까지 이어지는 흐름으로 구성했습니다.

이 책과 함께라면 분명 아이의 어휘 자신감이 커질 수 있을 것입니다. 더 나아가 한자 어휘가 들어간 문장을 익히며 문해력 또한 눈에 띄게 성장할 수 있을 것입니다. 부모님께서는 아이가 책과 함께하며 한 단계, 한 단계 올라설 때마다 많은 격려를 아이에게 건네주세요. 부모님의 작은 칭찬과 관심 하나가 우리 친구들이 한자와 친해지는 시간을 앞당길 것입니다. 아이가 배우는 한자가 담긴 낱말로 끝말잇기, 낱말 다섯 고개 등의 놀이를 하는 것도 관심의 좋은 표현입니다. 그리고 아이가 배운 한자를 직접 설명하도록 유도하는 것도 대화의 좋은 주제가 된답니다. 아무쪼록 아이가 포기하지 않고 꾸준히 한자를 익힐 수 있도록 아이의 배움에 계속 관심을 기울여 주세요. 그렇게 될 때 우리 아이가 모든 교과 공부의 기초가 되는 어휘력과 문해력, 더 나아가 공부 자신감을 튼튼히 갖출 수 있을 것입니다.

지금 이 책을 손에 들고 있는 아이와 부모님에게 깊은 감사의 마음을 전하며, 한자 학습의 소중한 첫 시작을 진심을 담아 힘차게 응원합니다.

차례

이 책의 활용법

『한 권으로 끝내는 문해력 첫 한자』를 공부하며 이것만은 지켜 주세요

- 아이가 한자와 친숙해질 수 있도록 격려와 칭찬을 아끼지 마세요. 한자와 한글이 서로 돕는 관계라는 것을 스스로 느낄 때 학습 효과는 더욱 커진답니다.
- 되도록 아이와 '함께' 이 책을 활용해 주세요. 이 책과 함께라면 공부 시간이 즐거운 추억이 될 수 있을 거예요.
- 시간에 쫓기지 마세요. 여유로운 태도는 즐기는 공부를 가능하게 합니다.
- 한자를 쓰는 순서를 스스로 익힐 수 있게 하되, 아이가 잘 쓸 수 있도록 옆에서 직접 최대한 지도해 주세요. 필순을 제대로 익히면 한자를 잘 기억할 수 있답니다.
- 새로 익힌 한자를 일상에서 반복적으로 사용해 주세요. 새로 익힌 한자를 낱말이나 문장 속에서 자주 접한다면 더욱 분명하게 기억할 수 있을 것입니다.

1단계 또박또박 읽기

1단계 또박또박 읽기는 아이가 한자의 모양, 뜻, 소리 이렇게 3가지 구성 요소를 입체적으로 배우는 과정입니다. 아이가 한자의 모양과 그 한자를 나타낸 그림을 살펴본 후, 자연스럽게 뜻과 소리를 익히도록 해 주세요. 그다음에 뜻, 소리, 뜻+소리를 각각 3번씩 읽고 색칠해 보면서 성취감을 느끼게끔 지도하면 성공적으로 1단계를 마무리할 수 있습니다.

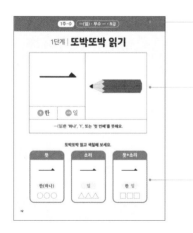

공부할 한자의 주제, 부수, 급수를 확인합니다.

하루에 2개의 한자를 배우고 익힙니다.
그림과 함께 한자의 모양, 뜻, 소리를 살펴봅니다.

뜻, 소리, 뜻+소리를 각각 읽고 나서 색칠합니다.
다 색칠하고 나면 성취감을 느낄 수 있습니다.

2단계 차근차근 쓰기, 3단계 두근두근 어휘력 키우기

2단계 차근차근 쓰기는 한자를 쓰기로 약속한 순서인 '필순'에 따라 써 보는 과정입니다. 한자의 총 획수를 확인한 후, 순서에 따라 차례대로 쓰면 됩니다. 더불어 한자의 모양뿐만 아니라 뜻과 소리까지 쓰면서 익힐 수 있도록 지도해 주세요. 이어서 3단계 두근두근 어휘력 키우기는 다양한 문장을 통해 한자가 들어간 낱말을 배우는 과정입니다. 3가지 방식으로 낱말을 학습하며 어휘력과 문해력을 동시에 키울 수 있습니다.

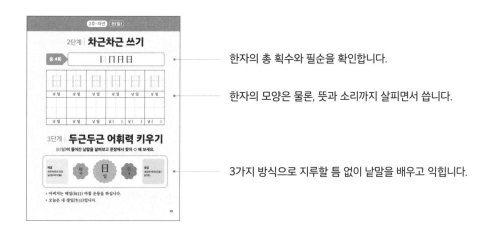

한자의 총 획수와 필순을 확인합니다.

한자의 모양은 물론, 뜻과 소리까지 살피면서 씁니다.

3가지 방식으로 지루할 틈 없이 낱말을 배우고 익힙니다.

룰루랄라 놀이

아이가 5일간 10개에 해당하는 한자 공부를 마친 후, 놀이를 통해 스스로 복습할 수 있는 장을 마련했습니다. 놀이의 힘을 학습에 적용함으로써 보다 즐거운 한자 공부를 경험해 보세요.

연결하기, 짝짓기, 미로 찾기 등
다양한 놀이 활동으로 신나고 재미있게
복습할 수 있습니다.

보너스 영상
QR 코드를 스캔해 전기현 선생님이
직접 설명하는 책 소개를 만나 보세요.

보너스 부록
QR 코드를 스캔해 한자의 3요소,
한자를 쓰는 순서, 답안지를 확인하세요.

최고 멋쟁이 _____ (이)의
한 권 끝 계획표

- 총 6주 42일, 이 책을 공부하는 동안 아이가 사용하는 한 권 끝 계획표입니다.

- 한 권 끝 계획표를 사용하기 전, 가장 먼저 상단 제목 빈칸에 아이가 직접 자신의 이름을 쓰도록 지도해 주세요. 책임감을 기르고 자기 주도 학습의 출발점이 됩니다.

- 아이가 한 권 끝 계획표를 야무지게 활용할 수 있도록 다음과 같이 지도해 주세요.
    ❶ 공부를 시작하기 전, 한 권 끝 계획표에 공부 날짜를 씁니다.
    ❷ 공부 날짜를 쓴 다음, 공부 내용과 쪽수를 스스로 확인합니다.
    ❸ 책장을 넘겨서 신나고 즐겁게 그날의 내용을 공부합니다.
    ❹ 공부를 마친 후, 다시 한 권 끝 계획표를 펼쳐 공부 확인에 표시합니다.

- 한 권 끝 계획표의 공부 확인에는 공부를 잘 마친 아이가 느낄 수 있는 감정을 그림으로 담았습니다. 그날의 공부를 마친 아이가 ⭐(신남), 🖤(설렘), 😊(기쁨)을 살펴보고 표시하면서 성취감을 느낄 수 있도록 많이 격려하고 칭찬해 주세요.

1주-수

	공부 날짜		공부 내용	쪽수	공부 확인
1일	월	일	一(일) 二(이)	12~15쪽	⭐ ❤️ 😊
2일	월	일	三(삼) 四(사)	16~19쪽	⭐ ❤️ 😊
3일	월	일	五(오) 六(육)	20~23쪽	⭐ ❤️ 😊
4일	월	일	七(칠) 八(팔)	24~27쪽	⭐ ❤️ 😊
5일	월	일	九(구) 十(십)	28~31쪽	⭐ ❤️ 😊
6일	월	일	룰루랄라 놀이	32~33쪽	⭐ ❤️ 😊
7일	월	일	오늘은 신나게 놀아요 😊		

2주-자연

	공부 날짜		공부 내용	쪽수	공부 확인
8일	월	일	日(일) 月(월)	34~37쪽	⭐ ❤️ 😊
9일	월	일	火(화) 水(수)	38~41쪽	⭐ ❤️ 😊
10일	월	일	木(목) 金(금)	42~45쪽	⭐ ❤️ 😊
11일	월	일	土(토) 天(천)	46~49쪽	⭐ ❤️ 😊
12일	월	일	地(지) 人(인)	50~53쪽	⭐ ❤️ 😊
13일	월	일	룰루랄라 놀이	54~55쪽	⭐ ❤️ 😊
14일	월	일	오늘은 신나게 놀아요 😊		

3주-방향

공부 날짜			공부 내용	쪽수	공부 확인
15일	월	일	方(방) 東(동)	56~59쪽	⭐ ❤️ 😊
16일	월	일	西(서) 南(남)	60~63쪽	⭐ ❤️ 😊
17일	월	일	北(북) 上(상)	64~67쪽	⭐ ❤️ 😊
18일	월	일	下(하) 左(좌)	68~71쪽	⭐ ❤️ 😊
19일	월	일	右(우) 中(중)	72~75쪽	⭐ ❤️ 😊
20일	월	일	룰루랄라 놀이	76~77쪽	⭐ ❤️ 😊
21일	월	일	오늘은 신나게 놀아요 😊		

4주-몸

공부 날짜			공부 내용	쪽수	공부 확인
22일	월	일	耳(이) 目(목)	78~81쪽	⭐ ❤️ 😊
23일	월	일	口(구) 鼻(비)	82~85쪽	⭐ ❤️ 😊
24일	월	일	手(수) 足(족)	86~89쪽	⭐ ❤️ 😊
25일	월	일	面(면) 頭(두)	90~93쪽	⭐ ❤️ 😊
26일	월	일	身(신) 體(체)	94~97쪽	⭐ ❤️ 😊
27일	월	일	룰루랄라 놀이	98~99쪽	⭐ ❤️ 😊
28일	월	일	오늘은 신나게 놀아요 😊		

5주-가족

	공부 날짜		공부 내용	쪽수	공부 확인
29일	월	일	父(부) 母(모)	100~103쪽	⭐ ❤️ 😊
30일	월	일	子(자) 兄(형)	104~107쪽	⭐ ❤️ 😊
31일	월	일	弟(제) 祖(조)	108~111쪽	⭐ ❤️ 😊
32일	월	일	寸(촌) 家(가)	112~115쪽	⭐ ❤️ 😊
33일	월	일	男(남) 女(여)	116~119쪽	⭐ ❤️ 😊
34일	월	일	룰루랄라 놀이	120~121쪽	⭐ ❤️ 😊
35일	월	일	오늘은 신나게 놀아요 😊		

6주-학교생활

	공부 날짜		공부 내용	쪽수	공부 확인
36일	월	일	出(출) 入(입)	122~125쪽	⭐ ❤️ 😊
37일	월	일	交(교) 友(우)	126~129쪽	⭐ ❤️ 😊
38일	월	일	學(학) 校(교)	130~133쪽	⭐ ❤️ 😊
39일	월	일	敎(교) 室(실)	134~137쪽	⭐ ❤️ 😊
40일	월	일	授(수) 業(업)	138~141쪽	⭐ ❤️ 😊
41일	월	일	룰루랄라 놀이	142~143쪽	⭐ ❤️ 😊
42일	월	일	오늘은 신나게 놀아요 😊		

1단계 : 또박또박 읽기

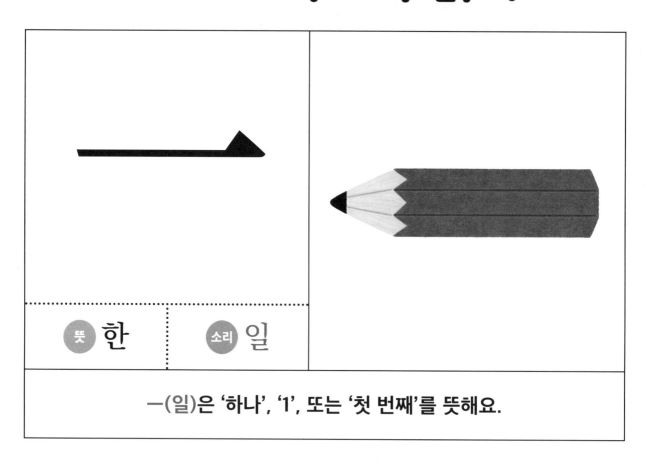

뜻 **한**   소리 **일**

一(일)은 '하나', '1', 또는 '첫 번째'를 뜻해요.

또박또박 읽고 색칠해 보세요.

2단계 : 차근차근 쓰기

총 1획　→　一

한 일	한 일	한 일	한 일	한 일	한 일
한 일	한 일	한 일	한 ( )	한 ( )	한 ( )

3단계 : 두근두근 어휘력 키우기

一(일)이 들어간 낱말을 살펴보고 문장에서 찾아 ○ 해 보세요.

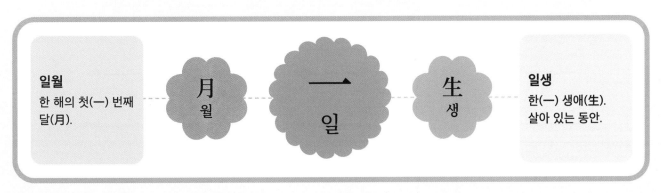

일월
한 해의 첫(一) 번째 달(月).

月
월

一
일

生
생

일생
한(一) 생애(生).
살아 있는 동안.

❀ 올해 일월(一月)에는 눈이 많이 내렸습니다.

❀ 훌륭한 인물의 일생(一生)이 담긴 책을 읽었습니다.

1단계 : 또박또박 읽기

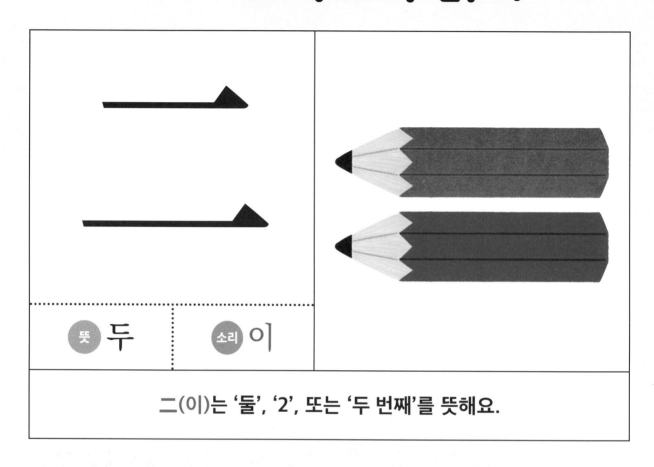

뜻 두	소리 이

二(이)는 '둘', '2', 또는 '두 번째'를 뜻해요.

또박또박 읽고 색칠해 보세요.

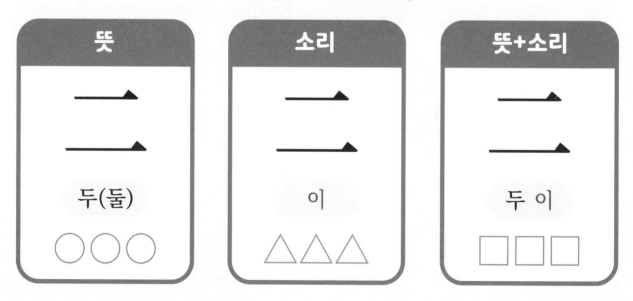

뜻	소리	뜻+소리
二	二	二
두(둘)	이	두 이
○○○	△△△	□□□

2단계 : 차근차근 쓰기

총 2획 ▶ 二 二

二	二	二	二	二	二
두 이	두 이	두 이	두 이	두 이	두 이
두 이	두 이	두 이	두 ( )	두 ( )	두 ( )

3단계 : 두근두근 어휘력 키우기

二(이)와 다른 글자가 합쳐진 낱말을 보고 문장에서 찾아 ○ 해 보세요.

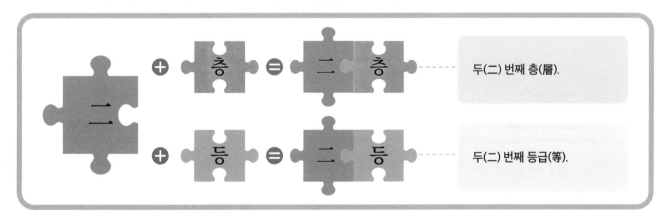

二 + 층 = 二 층 ----- 두(二) 번째 층(層).

二 + 등 = 二 등 ----- 두(二) 번째 등급(等).

* 우리 가족이 좋아하는 빵집은 이층(二層)에 있습니다.

* 달리기 대회에서 이등(二等)을 하였습니다.

1단계 : 또박또박 읽기

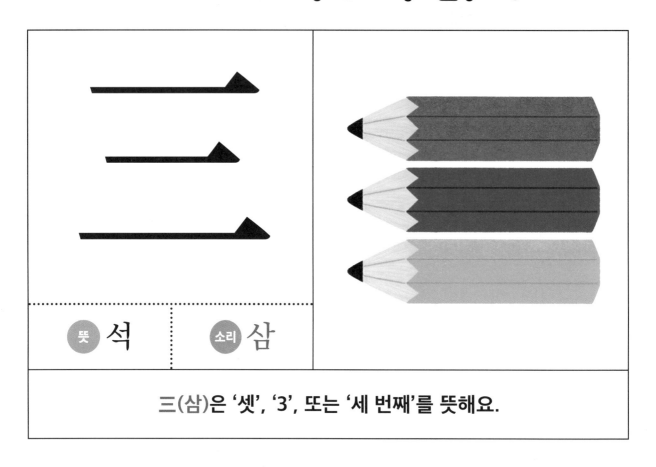

| 뜻 석 | 소리 삼 |

三(삼)은 '셋', '3', 또는 '세 번째'를 뜻해요.

또박또박 읽고 색칠해 보세요.

뜻	소리	뜻+소리
석(셋)	삼	석 삼
○ ○ ○	△ △ △	□ □ □

2단계 : **차근차근 쓰기**

총 3획

三 三 三

三	三	三	三	三	三
석 삼	석 삼	석 삼	석 삼	석 삼	석 삼
석 삼	석 삼	석 삼	석 ( )	석 ( )	석 ( )

3단계 : **두근두근 어휘력 키우기**

三(삼)이 들어간 문장이 자연스럽게 이어지도록 선을 그어 보세요.

이사를 온 지 거의	•	•	카드놀이를 하였습니다.
삼촌(三寸)과 함께	•	•	삼 년(三年)이 되었습니다.

· 삼촌(三寸): 친척 가운데 세(三) 번째 관계(寸). 아버지의 형이나 동생.
· 삼 년(三年): 세(三) 해(年).

1단계 : 또박또박 읽기

뜻 넉 　　 소리 사

四(사)는 '넷', '4', 또는 '네 번째'를 뜻해요.

또박또박 읽고 색칠해 보세요.

뜻	소리	뜻+소리
四	四	四
넉(넷)	사	넉 사
○○○	△△△	□□□

2단계 : 차근차근 쓰기

총 5획 ▸ 四 四 四 四 四

四	四	四	四	四	四
넉 사	넉 사	넉 사	넉 사	넉 사	넉 사
넉 사	넉 사	넉 사	넉 ( )	넉 ( )	넉 ( )

3단계 : 두근두근 어휘력 키우기

四(사)가 들어간 낱말을 살펴보고 문장에서 찾아 ○ 해 보세요.

사월
한 해의 네(四) 번째 달(月).

月
월

四
사

寸
촌

사촌
친척 가운데 네(四) 번째 관계(寸). 아버지의 친형제자매의 자식.

❋ 사월(四月)이 되자 뒷산에 진달래가 잔뜩 피어났습니다.

❋ 즐거운 추석날에 보고 싶었던 사촌(四寸) 동생을 만났습니다.

1단계 : 또박또박 읽기

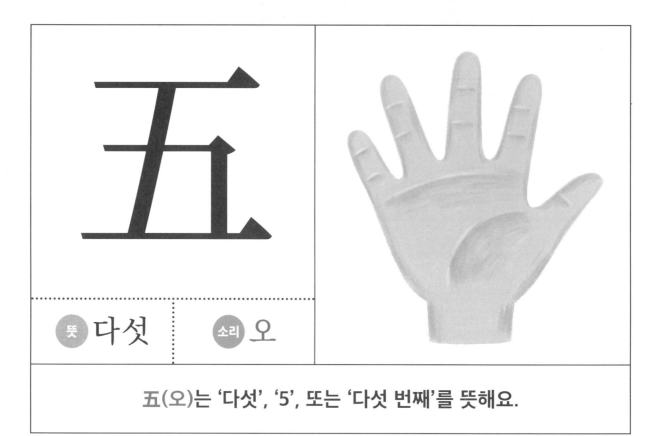

뜻 다섯　　소리 오

五(오)는 '다섯', '5', 또는 '다섯 번째'를 뜻해요.

또박또박 읽고 색칠해 보세요.

뜻	소리	뜻+소리
五	五	五
다섯	오	다섯 오
○○○	△△△	□□□

2단계 : 차근차근 쓰기

총 4획 ▶ 五 五 五 五

五	五	五	五	五	五
다섯 오	다섯 오	다섯 오	다섯 오	다섯 오	다섯 오
다섯 오	다섯 오	다섯 오	다섯 ( )	다섯 ( )	다섯 ( )

3단계 : 두근두근 어휘력 키우기

五(오)와 다른 글자가 합쳐진 낱말을 보고 문장에서 찾아 ○ 해 보세요.

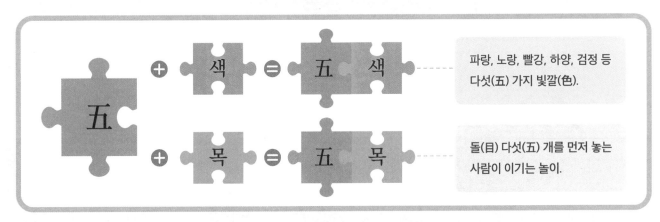

五 + 색 = 五색
파랑, 노랑, 빨강, 하양, 검정 등 다섯(五) 가지 빛깔(色).

五 + 목 = 五목
돌(目) 다섯(五) 개를 먼저 놓는 사람이 이기는 놀이.

● 오색(五色) 점토로 멋진 작품을 만들었습니다.

● 형과 함께 오목(五目)을 두었습니다.

1단계 : **또박또박 읽기**

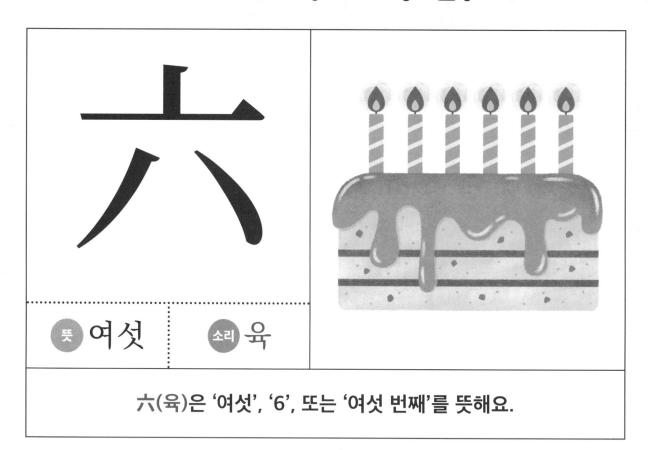

六

뜻 여섯 | **소리** 육

六(육)은 '여섯', '6', 또는 '여섯 번째'를 뜻해요.

또박또박 읽고 색칠해 보세요.

뜻	소리	뜻+소리
六	六	六
여섯	육(륙)	여섯 육
○○○	△△△	□□□

2단계 : **차근차근 쓰기**

총 4획 ▶

六 六 六 六

六	六	六	六	六	六
여섯 육	여섯 육	여섯 육	여섯 육	여섯 육	여섯 육
여섯 육	여섯 육	여섯 육	여섯 ( )	여섯 ( )	여섯 ( )

3단계 : **두근두근 어휘력 키우기**

六(육)이 들어간 문장이 자연스럽게 되도록 선을 따라 이어 보세요.

산 위에 육각(六角) 모양의 •

• 끔찍한 전쟁이었습니다.

육이오(六二五)는 •

• 정자 한 채가 있습니다.

· 육각(六角): 여섯(六) 개의 각(角).
· 육이오(六二五): 1950년 6(六)월 25(二五)일에 북한이 일으킨 전쟁.

1단계 : 또박또박 읽기

七

뜻 일곱 　소리 칠

七(칠)은 '일곱', '7', 또는 '일곱 번째'를 뜻해요.

또박또박 읽고 색칠해 보세요.

뜻	소리	뜻+소리
七	七	七
일곱	칠	일곱 칠
○○○	△△△	□□□

2단계 : **차근차근 쓰기**

총 2획 ▶ 七 七

七	七	七	七	七	七
일곱 칠	일곱 칠	일곱 칠	일곱 칠	일곱 칠	일곱 칠
일곱 칠	일곱 칠	일곱 칠	일곱 ( )	일곱 ( )	일곱 ( )

3단계 : **두근두근 어휘력 키우기**

七(칠)이 들어간 낱말을 살펴보고 문장에서 찾아 ○ 해 보세요.

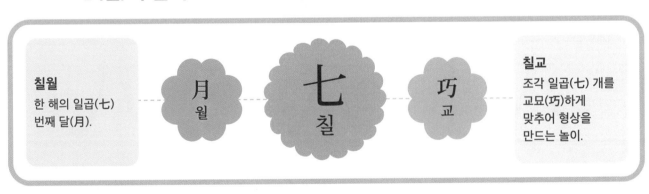

칠월
한 해의 일곱(七)
번째 달(月).

月
월

七
칠

巧
교

칠교
조각 일곱(七) 개를
교묘(巧)하게
맞추어 형상을
만드는 놀이.

* 올해 칠월(七月)은 무척 더웠습니다.
* 친구들과 재미있게 칠교(七巧)놀이를 하였습니다.

1단계 : 또박또박 읽기

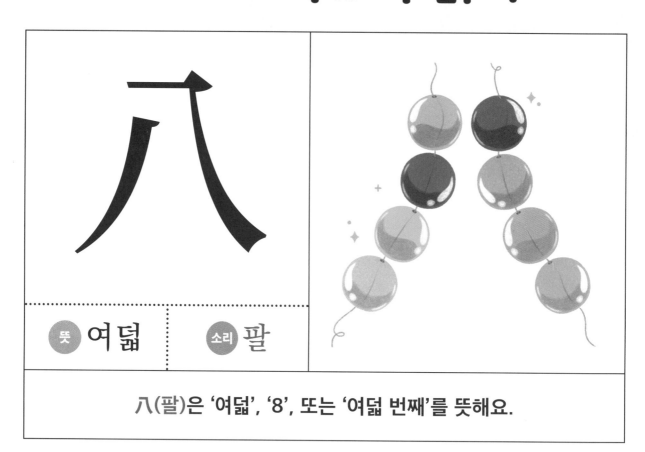

뜻 여덟 소리 팔

八(팔)은 '여덟', '8', 또는 '여덟 번째'를 뜻해요.

또박또박 읽고 색칠해 보세요.

뜻

여덟

소리

팔

뜻+소리

여덟 팔

2단계 : 차근차근 쓰기

총 2획 → 八 八

八	八	八	八	八	八
여덟 팔	여덟 팔	여덟 팔	여덟 팔	여덟 팔	여덟 팔
여덟 팔	여덟 팔	여덟 팔	여덟 ( )	여덟 ( )	여덟 ( )

3단계 : 두근두근 어휘력 키우기

八(팔)과 다른 글자가 합쳐진 낱말을 보고 문장에서 찾아 ○ 해 보세요.

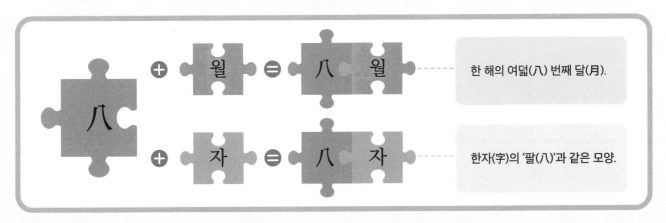

八 + 월 = 八 월 ······ 한 해의 여덟(八) 번째 달(月).

八 + 자 = 八 자 ······ 한자(字)의 '팔(八)'과 같은 모양.

* 팔월(八月)에 친구들과 함께 수영장에 가기로 하였습니다.
* 할아버지가 뒷짐을 지고 팔자(八字)걸음으로 걸으십니다.

1단계 : 또박또박 읽기

뜻 아홉   소리 구

九(구)는 '아홉', '9', 또는 '아홉 번째'를 뜻해요.

또박또박 읽고 색칠해 보세요.

뜻	소리	뜻+소리

九

아홉

◯◯◯

九

구

△△△

九

아홉 구

☐☐☐

2단계 : **차근차근 쓰기**

총 2획 ▶ 丿 九

九	九	九	九	九	九
아홉 구	아홉 구	아홉 구	아홉 구	아홉 구	아홉 구
아홉 구	아홉 구	아홉 구	아홉 ( )	아홉 ( )	아홉 ( )

3단계 : **두근두근 어휘력 키우기**

九(구)가 들어간 문장이 자연스럽게 이어지도록 선을 그어 보세요.

형은 열심히 • • 구구단(九九段)을 외웠습니다.

구층(九層) 높이의 • • 탑이 보입니다.

· 구구단(九九段): 1에서 9(九)까지의 수 중 두 수끼리 서로 곱하는 셈 방법의 각 단(段).
· 구층(九層): 아홉(九) 번째 층(層).

1단계 ｜ 또박또박 읽기

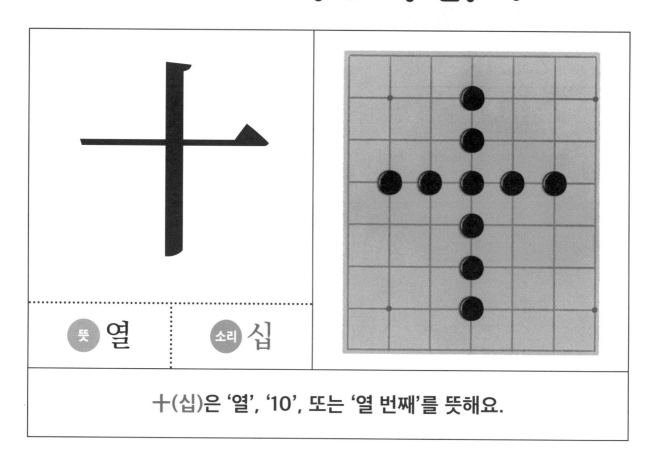

뜻 열 · 소리 십

十(십)은 '열', '10', 또는 '열 번째'를 뜻해요.

또박또박 읽고 색칠해 보세요.

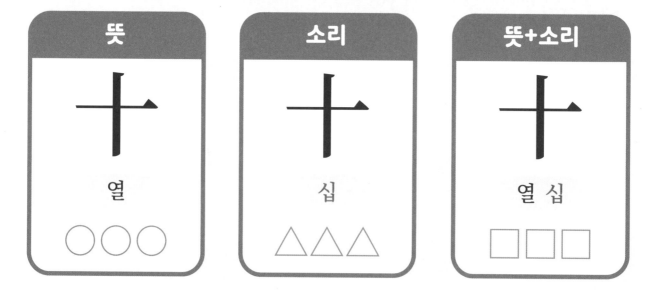

2단계 : 차근차근 쓰기

총 2획　十　十

十	十	十	十	十	十
열 십	열 십	열 십	열 십	열 십	열 십
열 십	열 십	열 십	열 ( )	열 ( )	열 ( )

3단계 : 두근두근 어휘력 키우기

十(십)이 들어간 낱말을 살펴보고 문장에서 찾아 ○ 해 보세요.

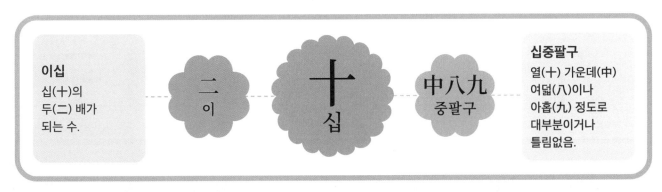

이십
십(十)의
두(二) 배가
되는 수.

二
이

十
십

中八九
중팔구

십중팔구
열(十) 가운데(中)
여덟(八)이나
아홉(九) 정도로
대부분이거나
틀림없음.

❀ 이십(二十)일만 지나면 가족과 제주도로 여행을 떠납니다.

❀ 도서관을 찾은 사람의 십중팔구(十中八九)는 학생입니다.

뜻과 소리 연결하기

一부터 十까지 한자를 즐겁게 공부하는 시간이에요.
왼쪽의 한자를 잘 보고 알맞은 뜻과 소리를 찾아 연결해 보세요.

九 ·

二 ·

四 ·

五 ·

八 ·

· 여덟 팔

· 다섯 오

· 넉 사

· 아홉 구

· 두 이

그림과 한자 짝짓기

一부터 十까지는 물건을 셀 때 꼭 필요한 수예요.
그림을 잘 살펴보고 알맞은 한자를 찾아 연결해 보세요.

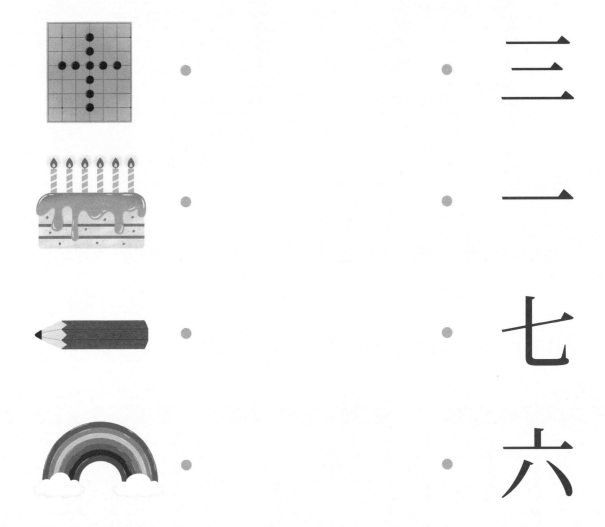

1단계 : 또박또박 읽기

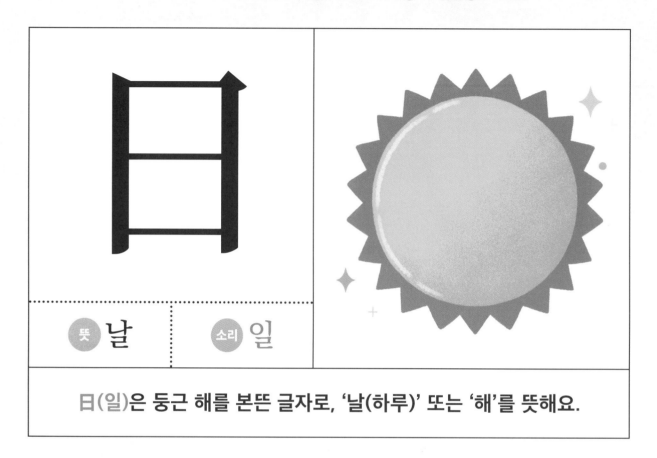

日(일)은 둥근 해를 본뜬 글자로, '날(하루)' 또는 '해'를 뜻해요.

또박또박 읽고 색칠해 보세요.

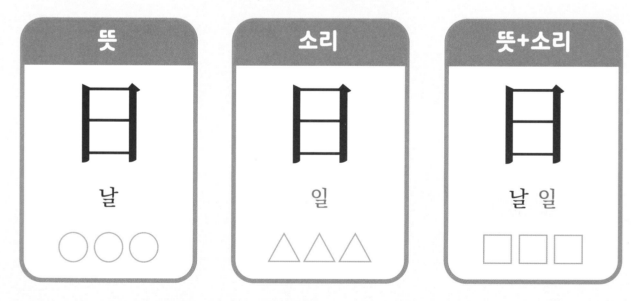

2단계 : **차근차근 쓰기**

총 4획   日 冂 日 日

날 일	날 일	날 일	날 일	날 일	날 일
날 일	날 일	날 일	날 ( )	날 ( )	날 ( )

3단계 : **두근두근 어휘력 키우기**

日(일)이 들어간 낱말을 살펴보고 문장에서 찾아 ○ 해 보세요.

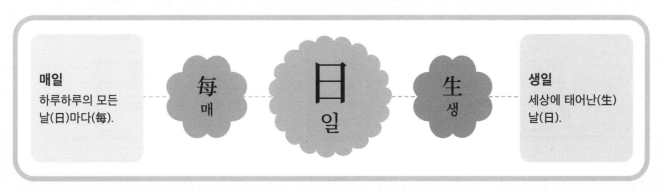

매일
하루하루의 모든
날(日)마다(每).

每
매

日
일

生
생

생일
세상에 태어난(生)
날(日).

✿ 아버지는 매일(每日) 아침 운동을 하십니다.

✿ 오늘은 내 생일(生日)입니다.

1단계 : 또박또박 읽기

뜻 달 소리 월

月(월)은 초승달을 본뜬 글자로, '달' 또는 '한 달'을 뜻해요.

또박또박 읽고 색칠해 보세요.

뜻	소리	뜻+소리
月	月	月
달	월	달 월
○○○	△△△	□□□

2단계 : 차근차근 쓰기

총 4획 ▶ 月 月 月 月

月	月	月	月	月	月
달 월	달 월	달 월	달 월	달 월	달 월
달 월	달 월	달 월	달 ( )	달 ( )	달 ( )

3단계 : 두근두근 어휘력 키우기

月(월)과 다른 글자가 합쳐진 낱말을 보고 문장에서 찾아 ○ 해 보세요.

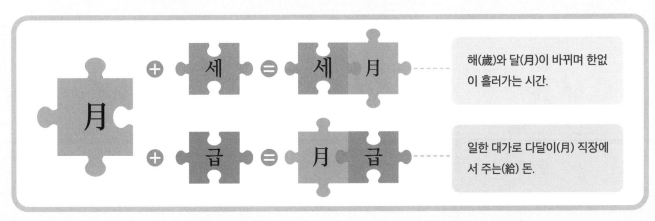

月 + 세 = 세 月 ····· 해(歲)와 달(月)이 바뀌며 한없이 흘러가는 시간.

月 + 급 = 月 급 ····· 일한 대가로 다달이(月) 직장에서 주는(給) 돈.

• 지난 수십 년의 세월(歲月) 동안 우리나라는 크게 발전하였습니다.

• 아버지는 월급(月給)날이면 꼭 선물을 사서 집에 들어오십니다.

1단계 : 또박또박 읽기

火(화)는 불의 모습을 본뜬 글자로, '불'을 뜻해요.

또박또박 읽고 색칠해 보세요.

2단계 : **차근차근 쓰기**

총 4획 ▶

火 火 火 火

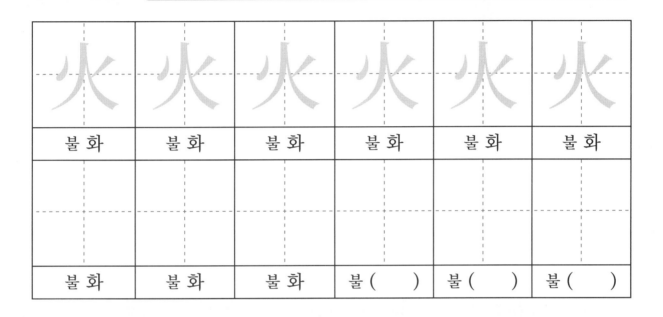

火	火	火	火	火	火
불화	불화	불화	불화	불화	불화
불화	불화	불화	불( )	불( )	불( )

3단계 : **두근두근 어휘력 키우기**

火(화)가 들어간 문장이 자연스럽게 이어지도록 선을 그어 보세요.

| 소화기(消火器)는 | • | • | 꼭 가 보고 싶습니다. |

| 언젠가 화성(火星)에 | • | • | 교실마다 있습니다. |

· 소화기(消火器): 불(火)을 끄는(消) 데 쓰는 기구(器).
· 화성(火星): 태양을 도는 붉은(火) 행성(星).

1단계 : 또박또박 읽기

水

뜻 물　　소리 수

水(수)는 물이 흘러가는 모양을 본뜬 글자로, '물'을 뜻해요.

또박또박 읽고 색칠해 보세요.

뜻	소리	뜻+소리
水	水	水
물	수	물 수
○○○	△△△	□□□

2단계 : 차근차근 쓰기

총 4획 ▶ 水 水 水 水

水	水	水	水	水	水
물 수	물 수	물 수	물 수	물 수	물 수
물 수	물 수	물 수	물 ( )	물 ( )	물 ( )

3단계 : 두근두근 어휘력 키우기

水(수)가 들어간 낱말을 살펴보고 문장에서 찾아 ○ 해 보세요.

호수
우묵하게 파인 호(湖)에 넓고 깊게 고인 물(水).

湖
호

水
수

泳
영

수영
물(水)속을 헤엄치는(泳) 놀이나 스포츠.

❖ 날씨가 추워서 공원에 있는 작은 호수(湖水)가 얼어 버렸습니다.

❖ 올림픽에서 우리나라 수영(水泳) 선수가 금메달을 땄습니다.

1단계 : **또박또박 읽기**

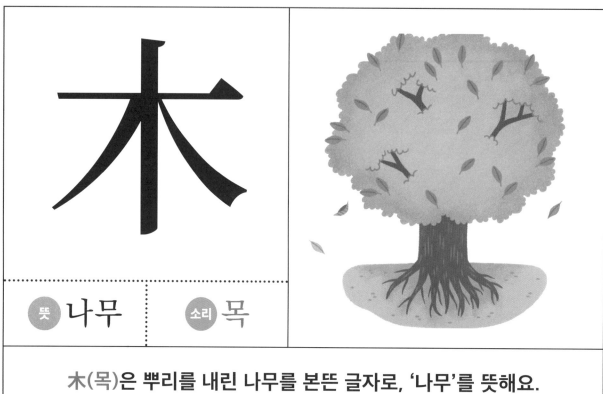

뜻 나무   소리 목

木(목)은 뿌리를 내린 나무를 본뜬 글자로, '나무'를 뜻해요.

또박또박 읽고 색칠해 보세요.

뜻	소리	뜻+소리

2단계 : **차근차근 쓰기**

총 4획 ▶ 木 木 木 木

木	木	木	木	木	木
나무 목	나무 목	나무 목	나무 목	나무 목	나무 목
나무 목	나무 목	나무 목	나무 ( )	나무 ( )	나무 ( )

3단계 : **두근두근 어휘력 키우기**

木(목)과 다른 글자가 합쳐진 낱말을 보고 문장에서 찾아 ○ 해 보세요.

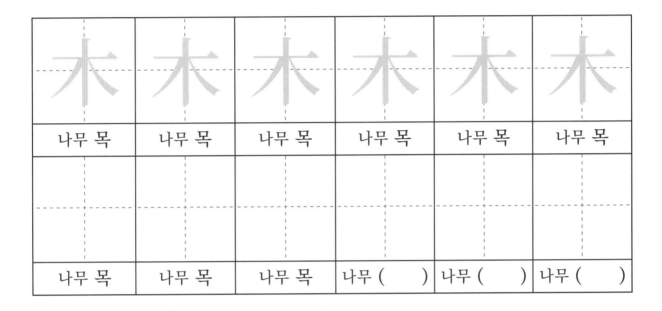

木 + 식 = 식 木 ···· 나무(木)를 심음(植). 또는 그 나무.

木 + 수 = 木 수 ···· 나무(木)로 무언가를 만드는 일을 업으로 삼은 사람(手).

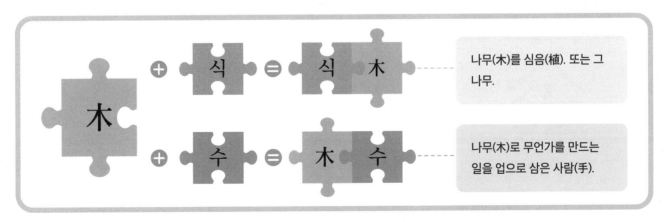

* 식목(植木)일을 맞아 마당에 나무 한 그루를 심었습니다.
* 목수(木手)가 멋진 나무 의자를 만들었습니다.

1단계 ┊ 또박또박 읽기

| 뜻 쇠 | 소리 금 |

金(금)은 단단한 '쇠', 황색의 '금', 또는 성씨 '김'을 뜻해요.

또박또박 읽고 색칠해 보세요.

뜻	소리	뜻+소리
金	金	金
쇠(성씨)	금(김)	쇠 금
○○○	△△△	□□□

2단계 : **차근차근 쓰기**

총 8획 ▶ 金 金 金 金 金 金 金 金

金	金	金	金	金	金
쇠 금	쇠 금	쇠 금	쇠 금	쇠 금	쇠 금
쇠 금	쇠 금	쇠 금	쇠 ( )	쇠 ( )	쇠 ( )

3단계 : **두근두근 어휘력 키우기**

金(금)이 들어간 문장이 자연스럽게 이어지도록 선을 그어 보세요.

내 단짝 친구의 성은 •   • 무척이나 따뜻합니다.

황금(黃金)빛 햇살이 •   • 김(金) 씨입니다.

· 황금(黃金): 누런(黃) 빛깔의 금(金).
· 김(金): 성씨 김(金).

1단계 : 또박또박 읽기

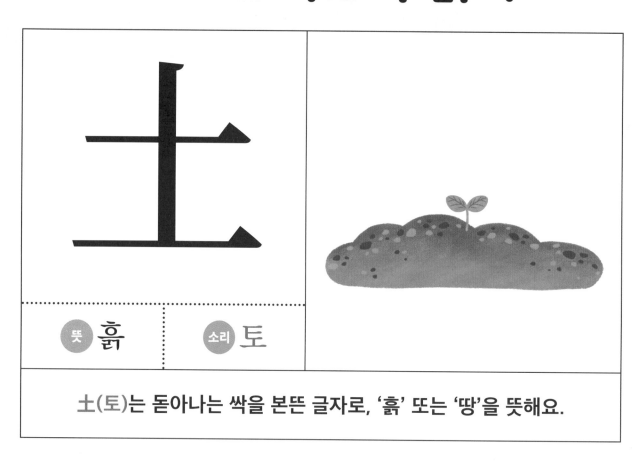

뜻 흙   소리 토

土(토)는 돋아나는 싹을 본뜬 글자로, '흙' 또는 '땅'을 뜻해요.

또박또박 읽고 색칠해 보세요.

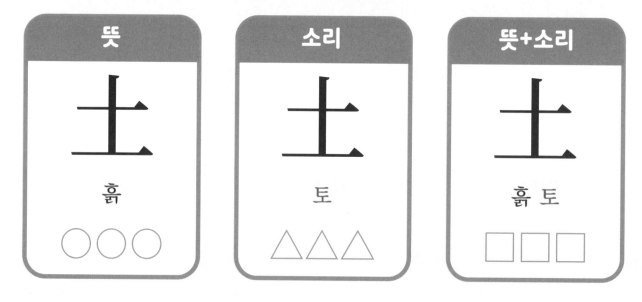

뜻	소리	뜻+소리
土	土	土
흙	토	흙 토
○○○	△△△	□□□

2단계 : **차근차근 쓰기**

총 3획

土 土 土

土	土	土	土	土	土
흙 토	흙 토	흙 토	흙 토	흙 토	흙 토
흙 토	흙 토	흙 토	흙 ( )	흙 ( )	흙 ( )

3단계 : 두근두근 어휘력 키우기

土(토)가 들어간 낱말을 살펴보고 문장에서 찾아 ○ 해 보세요.

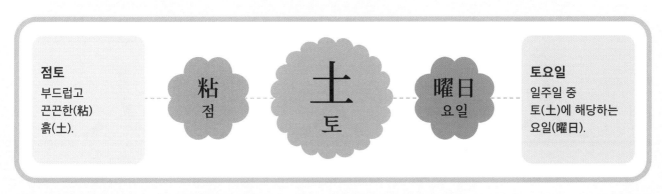

점토
부드럽고
끈끈한(粘)
흙(土).

粘
점

土
토

曜日
요일

토요일
일주일 중
土(토)에 해당하는
요일(曜日).

◆ 점토(粘土)를 이용하여 예쁜 작품을 만들었습니다.

◆ 지난주 토요일(土曜日)에는 미술관에 갔었습니다.

1단계 : 또박또박 읽기

天

| 뜻 하늘 | 소리 천 |

天(천)은 해와 달이 있는 '하늘'을 뜻해요.

또박또박 읽고 색칠해 보세요.

뜻

天

하늘

○○○

소리

天

천

△△△

뜻+소리

天

하늘 천

□□□

2단계 : 차근차근 쓰기

총 4획	天 天 天 天

天	天	天	天	天	天
하늘 천	하늘 천	하늘 천	하늘 천	하늘 천	하늘 천
하늘 천	하늘 천	하늘 천	하늘 ( )	하늘 ( )	하늘 ( )

3단계 : 두근두근 어휘력 키우기

天(천)과 다른 글자가 합쳐진 낱말을 보고 문장에서 찾아 ○ 해 보세요.

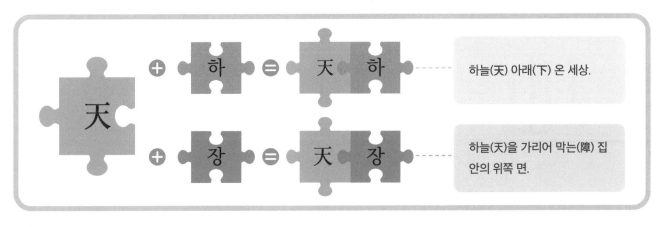

天 + 하 = 天 하 ----- 하늘(天) 아래(下) 온 세상.

天 + 장 = 天 장 ----- 하늘(天)을 가리어 막는(障) 집 안의 위쪽 면.

* 세상을 구한 영웅이 천하(天下)에 이름을 떨쳤습니다.

* 천장(天障)에 큰 파리가 붙어 있었습니다.

49

1단계 : 또박또박 읽기

뜻 땅 　 소리 지

地(지)는 '땅' 또는 '곳'을 뜻해요.

또박또박 읽고 색칠해 보세요.

뜻	소리	뜻+소리
地	地	地
땅	지	땅 지
○○○	△△△	□□□

2단계 : 차근차근 쓰기

| 총 6획 | 地 地 地 地 地 地 |

地	地	地	地	地	地
땅 지	땅 지	땅 지	땅 지	땅 지	땅 지
땅 지	땅 지	땅 지	땅 ( )	땅 ( )	땅 ( )

3단계 : 두근두근 어휘력 키우기

地(지)가 들어간 문장이 자연스럽게 이어지도록 선을 그어 보세요.

우리가 사는 •	• 세워진 차들이 많습니다.
지하(地下) 주차장에 •	• 지구(地球)는 둥급니다.

· 지하(地下): 땅(地)의 아래(下).
· 지구(地球): 땅(地)으로 이루어진 크나큰 공(球). 인류가 사는 행성.

1단계 : 또박또박 읽기

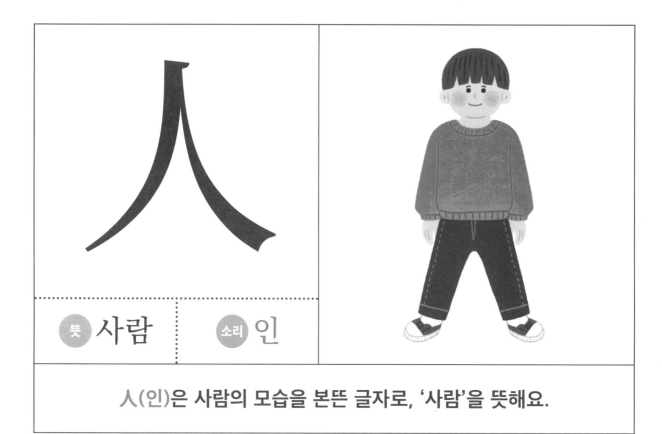

뜻 사람 　소리 인

人(인)은 사람의 모습을 본뜬 글자로, '사람'을 뜻해요.

또박또박 읽고 색칠해 보세요.

뜻	소리	뜻+소리
人	人	人
사람	인	사람 인
○○○	△△△	□□□

2단계 : 차근차근 쓰기

총 2획 ▶ 人 人

人	人	人	人	人	人
사람 인	사람 인	사람 인	사람 인	사람 인	사람 인
사람 인	사람 인	사람 인	사람 ( )	사람 ( )	사람 ( )

3단계 : 두근두근 어휘력 키우기

人(인)이 들어간 낱말을 살펴보고 문장에서 찾아 ○ 해 보세요.

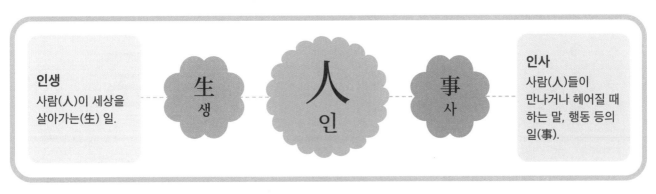

인생
사람(人)이 세상을 살아가는(生) 일.

生
생

人
인

事
사

인사
사람(人)들이 만나거나 헤어질 때 하는 말, 행동 등의 일(事).

❋ 책을 읽고 인생(人生)의 지혜를 얻었습니다.

❋ 친구들과 반갑게 인사(人事)를 나누었습니다.

뜻과 소리 연결하기

日부터 人까지 한자를 즐겁게 공부하는 시간이에요.
왼쪽의 한자를 잘 보고 알맞은 뜻과 소리를 찾아 연결해 보세요.

月 · · 땅 지

天 · · 달 월

地 · · 하늘 천

水 · · 쇠 금

金 · · 물 수

재미있는 미로 찾기

여자아이가 미로에서 집을 찾고 있어요.
자연과 관련된 한자를 따라 선을 그으며 미로를 통과해 보세요.

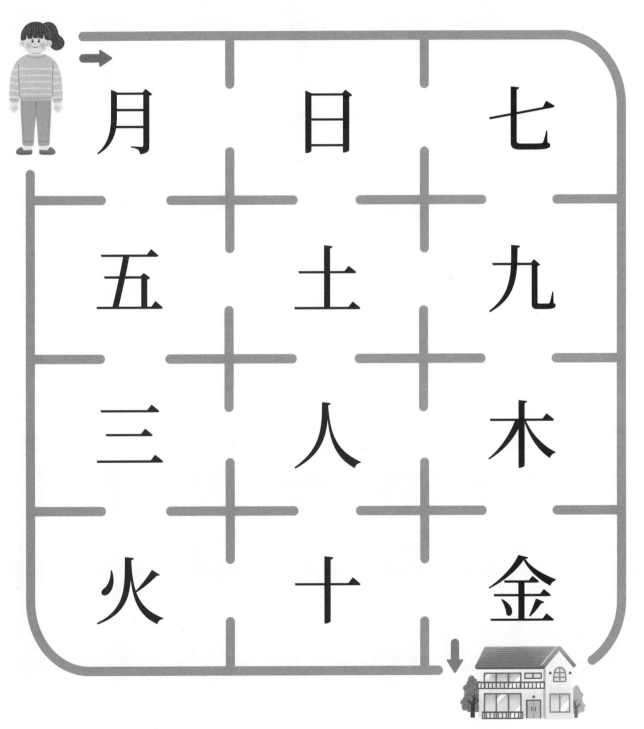

55

1단계 : 또박또박 읽기

뜻 모   소리 방

方(방)은 면과 면이 만나는 부분인 '모'를 뜻해요.

또박또박 읽고 색칠해 보세요.

뜻	소리	뜻+소리
方	方	方
모	방	모방
○○○	△△△	□□□

2단계 : 차근차근 쓰기

총 4획 方 方 方 方

方	方	方	方	方	方
모 방	모 방	모 방	모 방	모 방	모 방
모 방	모 방	모 방	모 ( )	모 ( )	모 ( )

3단계 : 두근두근 어휘력 키우기

方(방)이 들어간 낱말을 살펴보고 문장에서 찾아 ○ 해 보세요.

지방
땅(地)의 어느 한 부분(方).

地 지

方 방

向 향

방향
어떤 곳(方)을 향한(向) 쪽.

* 낯선 지방(地方)으로 여행을 떠났습니다.
* 남쪽 방향(方向)에서 따뜻한 바람이 불어옵니다.

1단계 : 또박또박 읽기

뜻 동녘 | 소리 동

東(동)은 해가 떠오르는 쪽인 '동쪽'을 뜻해요.

또박또박 읽고 색칠해 보세요.

뜻
東
동녘(동쪽)
○○○

소리
東
동
△△△

뜻+소리
東
동녘 동
□□□

2단계 : **차근차근 쓰기**

총 8획 ▸ 東 東 東 東 東 車 東 東

東	東	東	東	東	東
동녘 동	동녘 동	동녘 동	동녘 동	동녘 동	동녘 동
동녘 동	동녘 동	동녘 동	동녘 ( )	동녘 ( )	동녘 ( )

3단계 : **두근두근 어휘력 키우기**

東(동)과 다른 글자가 합쳐진 낱말을 보고 문장에서 찾아 ○ 해 보세요.

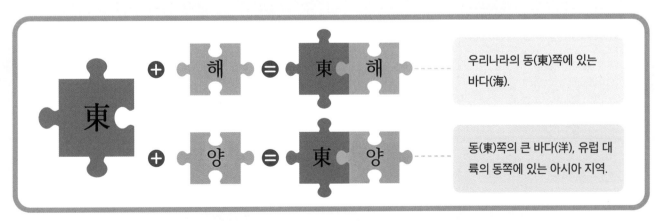

東 + 해 = 東 해
우리나라의 동(東)쪽에 있는 바다(海).

東 + 양 = 東 양
동(東)쪽의 큰 바다(洋), 유럽 대륙의 동쪽에 있는 아시아 지역.

✱ 드넓은 동해(東海) 위로 붉은 해가 떠올랐습니다.

✱ 동양(東洋)과 서양의 생활 모습은 서로 다릅니다.

1단계 : 또박또박 읽기

뜻 서녘 　소리 서

西(서)는 해가 지는 쪽인 '서쪽'을 뜻해요.

또박또박 읽고 색칠해 보세요.

뜻
西
서녘(서쪽)
○○○

소리
西
서
△△△

뜻+소리
西
서녘 서
□□□

2단계 : 차근차근 쓰기

총 6획 ▶ 西 西 西 西 西 西

西	西	西	西	西	西
서녘 서	서녘 서	서녘 서	서녘 서	서녘 서	서녘 서
서녘 서	서녘 서	서녘 서	서녘 ( )	서녘 ( )	서녘 ( )

3단계 : 두근두근 어휘력 키우기

西(서)가 들어간 문장이 자연스럽게 이어지도록 선을 그어 보세요.

여름을 맞아 우리 가족은 •	• 도로 위를 지나갔습니다.
자동차를 타고 동서(東西)로 길게 뻗은 •	• 서해(西海)로 휴가를 떠났습니다.

• 동서(東西): 동(東)쪽과 서(西)쪽.
• 서해(西海): 우리나라의 서(西)쪽에 있는 바다(海).

1단계 : 또박또박 읽기

> **뜻** 남녘 　**소리** 남

南(남)은 남극을 가리키는 쪽인 '남쪽'을 뜻해요.

또박또박 읽고 색칠해 보세요.

뜻	소리	뜻+소리

남녘(남쪽)	남	남녘 남
○○○	△△△	□□□

2단계 : **차근차근 쓰기**

총 9획 南 南 南 南 南 南 南 南 南

南	南	南	南	南	南
남녘 남	남녘 남	남녘 남	남녘 남	남녘 남	남녘 남
남녘 남	남녘 남	남녘 남	남녘 ( )	남녘 ( )	남녘 ( )

3단계 : **두근두근 어휘력 키우기**

南(남)이 들어간 낱말을 살펴보고 문장에서 찾아 ○ 해 보세요.

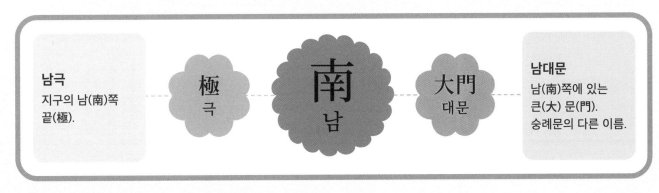

남극
지구의 남(南)쪽
끝(極).

極
극

南
남

大門
대문

남대문
남(南)쪽에 있는
큰(大) 문(門).
숭례문의 다른 이름.

❀ 남극(南極) 탐험대가 힘차게 출발하였습니다.

❀ 서울의 남대문(南大門)은 소중한 문화유산입니다.

1단계 ː 또박또박 읽기

뜻 북녘　소리 북

北(북)은 북극을 가리키는 쪽인 '북쪽'을 뜻해요.

또박또박 읽고 색칠해 보세요.

뜻	소리	뜻+소리

북녘(북쪽)	북	북녘 북
○○○	△△△	□□□

2단계 : **차근차근 쓰기**

총 5획 ▶ 北 北 北 北 北

北	北	北	北	北	北
북녘 북	북녘 북	북녘 북	북녘 북	북녘 북	북녘 북
북녘 북	북녘 북	북녘 북	북녘 ( )	북녘 ( )	북녘 ( )

3단계 : **두근두근 어휘력 키우기**

北(북)과 다른 글자가 합쳐진 낱말을 보고 문장에서 찾아 ○ 해 보세요.

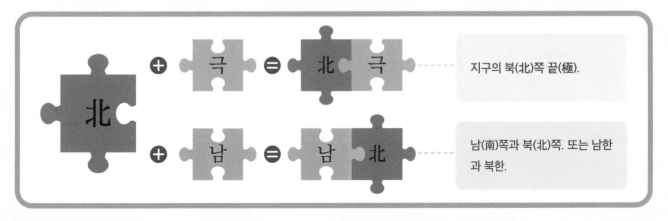

北 + 극 = 北 극
지구의 북(北)쪽 끝(極).

北 + 남 = 남 北
남(南)쪽과 북(北)쪽. 또는 남한과 북한.

✱ 북극(北極)에는 북극곰, 바다사자 등이 살고 있습니다.

✱ 많은 사람이 남북(南北)통일을 바라고 있습니다.

1단계 : 또박또박 읽기

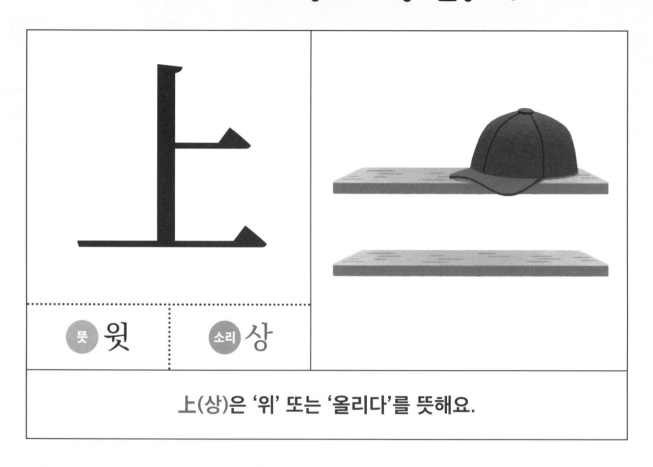

뜻 윗	소리 상

上(상)은 '위' 또는 '올리다'를 뜻해요.

또박또박 읽고 색칠해 보세요.

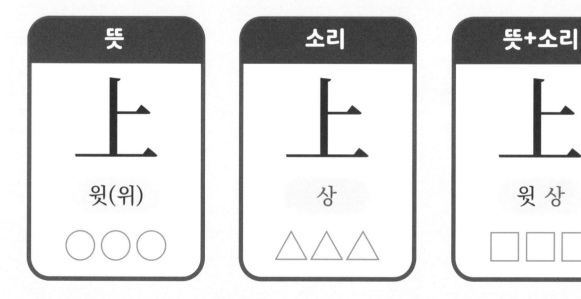

뜻	소리	뜻+소리
上	上	上
윗(위)	상	윗 상
○○○	△△△	□□□

2단계 : 차근차근 쓰기

총 3획

上 上 上

윗 상	윗 상	윗 상	윗 상	윗 상	윗 상
윗 상	윗 상	윗 상	윗 ( )	윗 ( )	윗 ( )

3단계 : 두근두근 어휘력 키우기

上(상)이 들어간 문장이 자연스럽게 이어지도록 선을 그어 보세요.

5명 이상(以上)이
모이면
· · 산의 정상(頂上)에 올랐습니다.

오랜 고생 끝에 드디어
· · 술래잡기 놀이를 하기로
하였습니다.

· 이상(以上): 어떤 한 기준을 포함하여 그 기준으로부터(以) 위(上)쪽.
· 정상(頂上): 맨 위(上) 꼭대기(頂).

1단계 : 또박또박 읽기

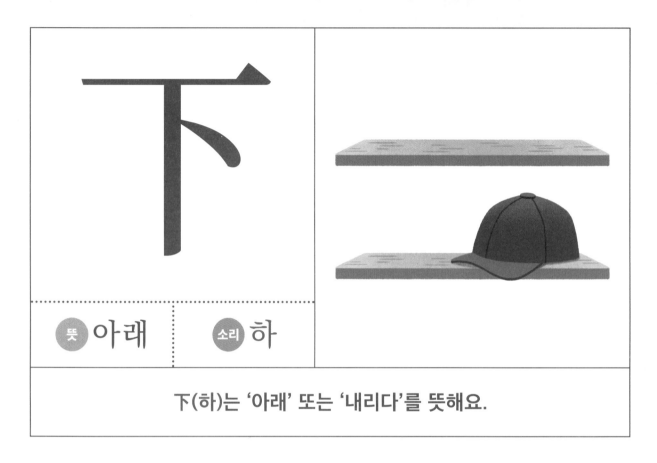

뜻 아래   소리 하

下(하)는 '아래' 또는 '내리다'를 뜻해요.

또박또박 읽고 색칠해 보세요.

뜻	소리	뜻+소리
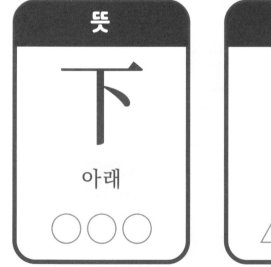		
아래	하	아래 하
○○○	△△△	□□□

2단계 : 차근차근 쓰기

총 3획 ▶ 下 下 下

아래 하	아래 하	아래 하	아래 하	아래 하	아래 하
아래 하	아래 하	아래 하	아래 ( )	아래 ( )	아래 ( )

3단계 : 두근두근 어휘력 키우기

下(하)가 들어간 낱말을 살펴보고 문장에서 찾아 ○ 해 보세요.

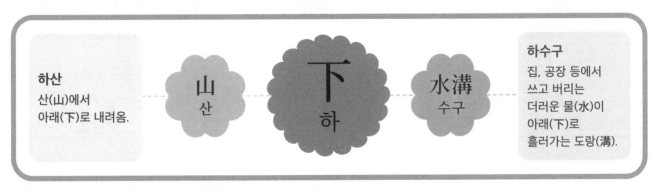

하산
산(山)에서 아래(下)로 내려옴.

山
산

下
하

水溝
수구

하수구
집, 공장 등에서 쓰고 버리는 더러운 물(水)이 아래(下)로 흘러가는 도랑(溝).

❀ 아버지와 함께 천천히 하산(下山)하였습니다.

❀ 웬일인지 하수구(下水溝)가 막혀 버렸습니다.

1단계 : 또박또박 읽기

뜻 왼쪽	소리 좌

左(좌)는 '왼쪽'을 뜻해요.

또박또박 읽고 색칠해 보세요.

뜻	소리	뜻+소리
左	左	左
왼쪽	좌	왼쪽 좌
○○○	△△△	□□□

2단계 : **차근차근 쓰기**

총 5획 左 左 左 左 左

左	左	左	左	左	左
왼쪽 좌	왼쪽 좌	왼쪽 좌	왼쪽 좌	왼쪽 좌	왼쪽 좌
왼쪽 좌	왼쪽 좌	왼쪽 좌	왼쪽 ( )	왼쪽 ( )	왼쪽 ( )

3단계 : **두근두근 어휘력 키우기**

左(좌)와 다른 글자가 합쳐진 낱말을 보고 문장에서 찾아 ○ 해 보세요.

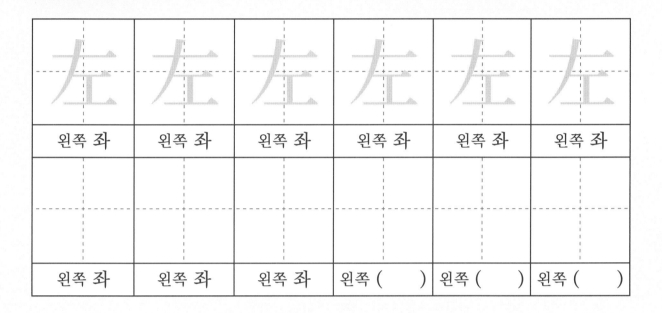

左 + 우 = 左 우 —— 왼쪽(左)과 오른쪽(右)를 아울러 이르는 말.

左 + 측 = 左 측 —— 왼쪽(左) 곁(側). 왼쪽.

* 횡단보도를 건널 때는 반드시 좌우(左右)를 잘 살펴야 합니다.
* 일본에서는 자동차가 좌측(左側)통행을 합니다.

1단계 : 또박또박 읽기

| 뜻 오른쪽 | 소리 우 |

右(우)는 '오른쪽'을 뜻해요.

또박또박 읽고 색칠해 보세요.

뜻	소리	뜻+소리
右	右	右
오른쪽	우	오른쪽 우
○○○	△△△	□□□

2단계 : 차근차근 쓰기

총 5획

右 右 右 右 右

右	右	右	右	右	右
오른쪽 우	오른쪽 우	오른쪽 우	오른쪽 우	오른쪽 우	오른쪽 우
오른쪽 우	오른쪽 우	오른쪽 우	오른쪽 (　)	오른쪽 (　)	오른쪽 (　)

3단계 : 두근두근 어휘력 키우기

右(우)가 들어간 문장이 자연스럽게 이어지도록 선을 그어 보세요.

| 난데없는 소나기에 사람들이 | • | • | 우회전(右回轉)하였습니다. |

| 노란 버스가 | • | • | 우왕좌왕(右往左往)하였습니다. |

• 우회전(右回轉): 차 같은 것이 오른쪽(右)으로 돌며(回) 굴러(轉)감.
• 우왕좌왕(右往左往): 오른쪽(右)으로 갔다(往) 다시 왼쪽(左)으로 갔다(往) 하며 방향을 잡지 못하는 모양.

1단계 : 또박또박 읽기

뜻 가운데   **소리** 중

中(중)은 '가운데' 또는 '무엇의 속'을 뜻해요.

또박또박 읽고 색칠해 보세요.

뜻	소리	뜻+소리
中	中	中
가운데	중	가운데 중
○○○	△△△	□□□

2단계 ┊ 차근차근 쓰기

총 4획 ▶ 中 中 中 中

中	中	中	中	中	中
가운데 중	가운데 중	가운데 중	가운데 중	가운데 중	가운데 중
가운데 중	가운데 중	가운데 중	가운데 ( )	가운데 ( )	가운데 ( )

3단계 ┊ 두근두근 어휘력 키우기

中(중)이 들어간 낱말을 살펴보고 문장에서 찾아 ○ 해 보세요.

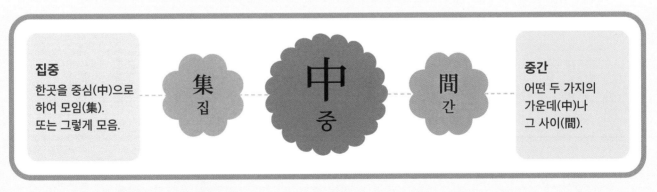

집중
한곳을 중심(中)으로
하여 모임(集).
또는 그렇게 모음.

集
집

中
중

間
간

중간
어떤 두 가지의
가운데(中)나
그 사이(間).

* 두 친구의 중간(中間)에 끼여 앉았습니다.
* 새로 온 친구에게 관심이 집중(集中)되었습니다.

75

뜻과 소리 연결하기

方부터 中까지 한자를 즐겁게 공부하는 시간이에요.
왼쪽의 한자를 잘 보고 알맞은 뜻과 소리를 찾아 연결해 보세요.

下 ·

北 ·

右 ·

東 ·

方 ·

· 오른쪽 우

· 모 방

· 북녘 북

· 아래 하

· 동녘 동

알맞은 낱말 색칠하기

두근두근 낱말 하트예요.
方부터 中까지 방향 한자가 들어간 하트를 찾아 색칠해 보세요.

南극　　황金　　집中

六각　　　매日

二층　　左우　　火성

地구　　정上

1단계 : 또박또박 읽기

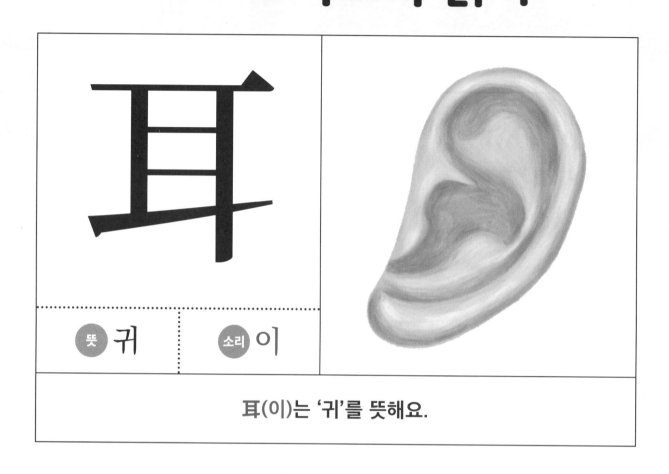

뜻 귀	소리 이

耳(이)는 '귀'를 뜻해요.

또박또박 읽고 색칠해 보세요.

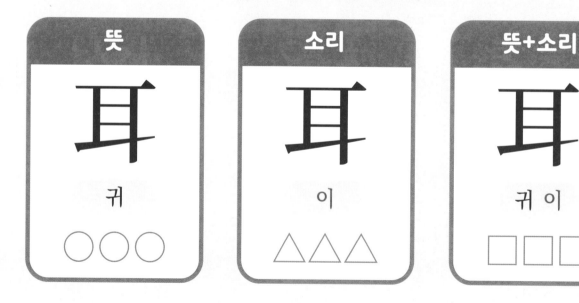

뜻	소리	뜻+소리
耳	耳	耳
귀	이	귀 이
○○○	△△△	□□□

2단계 : **차근차근 쓰기**

총 6획 耳 耳 耳 耳 耳 耳

耳	耳	耳	耳	耳	耳
귀 이	귀 이	귀 이	귀 이	귀 이	귀 이
귀 이	귀 이	귀 이	귀 ( )	귀 ( )	귀 ( )

3단계 : **두근두근 어휘력 키우기**

耳(이)가 들어간 낱말을 살펴보고 문장에서 찾아 ○ 해 보세요.

이명
주변에 아무 소리도 나지 않는데 귀(耳)에서 잡음이 울리는(鳴) 증상.

鳴 명

耳 이

目 목

이목
귀(耳)와 눈(目). 다른 사람의 주의나 관심.

* 동생이 이명(耳鳴) 때문에 병원에 다녀왔습니다.
* 가수의 멋진 공연이 사람들의 이목(耳目)을 집중시켰습니다.

1단계 : 또박또박 읽기

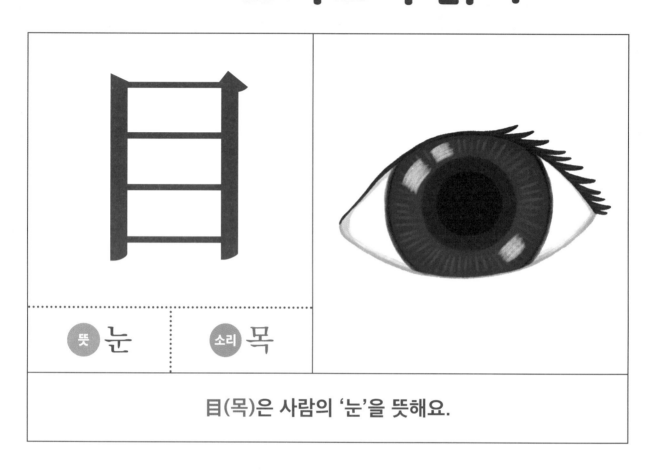

| 뜻 눈 | 소리 목 |

目(목)은 사람의 '눈'을 뜻해요.

또박또박 읽고 색칠해 보세요.

2단계 : 차근차근 쓰기

총 5획 ▶ 目 冂 冂 目 目 目

目	目	目	目	目	目
눈 목	눈 목	눈 목	눈 목	눈 목	눈 목
눈 목	눈 목	눈 목	눈 ( )	눈 ( )	눈 ( )

3단계 : 두근두근 어휘력 키우기

目(목)과 다른 글자가 합쳐진 낱말을 보고 문장에서 찾아 ○ 해 보세요.

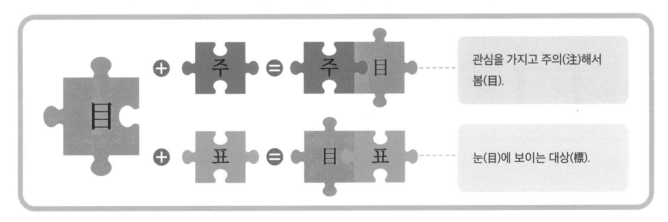

目 + 주 = 주 目 ---- 관심을 가지고 주의(注)해서 봄(目).

目 + 표 = 目 표 ---- 눈(目)에 보이는 대상(標).

* 선생님의 밝고 힘찬 소리에 모두가 주목(注目)하였습니다.
* 시험공부를 하기 전에 목표(目標)부터 세웠습니다.

1단계 : 또박또박 읽기

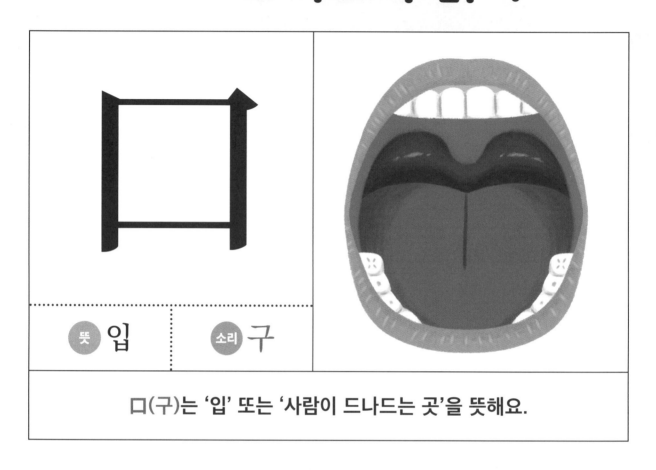

뜻 입 　 소리 구

口(구)는 '입' 또는 '사람이 드나드는 곳'을 뜻해요.

또박또박 읽고 색칠해 보세요.

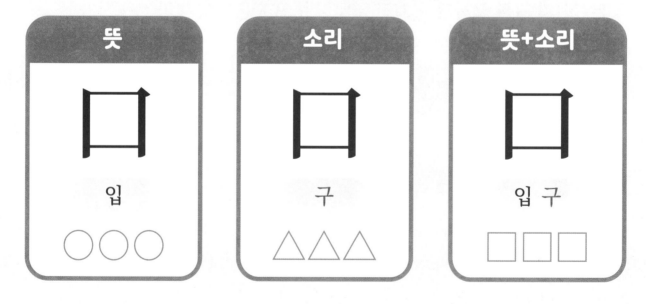

뜻	소리	뜻+소리
口	口	口
입	구	입 구
○○○	△△△	□□□

2단계 : 차근차근 쓰기

총 3획 ▶ 口 口 口

口	口	口	口	口	口
입구	입구	입구	입구	입구	입구
입구	입구	입구	입( )	입( )	입( )

3단계 : 두근두근 어휘력 키우기

口(구)가 들어간 문장이 자연스럽게 이어지도록 선을 그어 보세요.

비상구(非常口) 위치를 •

• 알아 두는 것이 좋습니다.

온 식구(食口)가 •

• 한자리에 모였습니다.

· 비상구(非常口): 늘(常) 있는 것이 아닌(非) 뜻밖의 상황에서 사용하는 문(口).
· 식구(食口): 한집에서 함께 밥(食)을 먹는(口) 사람.

1단계 또박또박 읽기

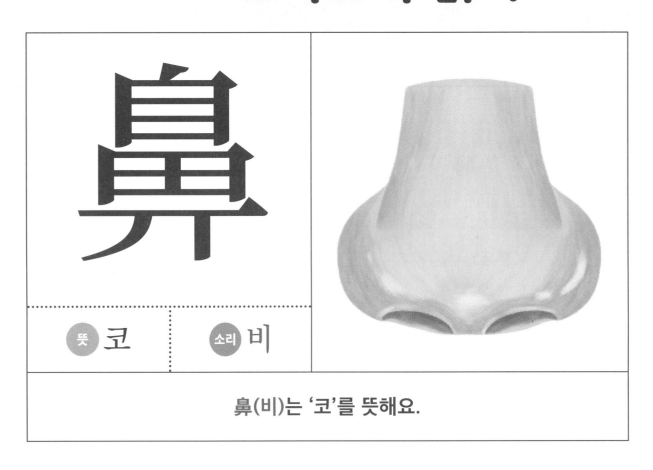

鼻

뜻 코   소리 비

鼻(비)는 '코'를 뜻해요.

또박또박 읽고 색칠해 보세요.

뜻
鼻
코
○ ○ ○

소리
鼻
비
△ △ △

뜻+소리
鼻
코 비
□ □ □

2단계 : 차근차근 쓰기

총 14획 ▶ 鼻鼻鼻鼻鼻鼻鼻鼻鼻鼻鼻
鼻鼻鼻

鼻	鼻	鼻	鼻	鼻	鼻
코 비	코 비	코 비	코 비	코 비	코 비
코 비	코 비	코 비	코 ( )	코 ( )	코 ( )

3단계 : 두근두근 어휘력 키우기

鼻(비)가 들어간 낱말을 살펴보고 문장에서 찾아 ○ 해 보세요.

이목구비
귀(耳), 눈(目), 입(口), 코(鼻)를 아울러 이르는 말.

耳目口
이목구

鼻
비

炎
염

비염
코(鼻)안 점막에 생기는 염증(炎).

✽ 우리 언니는 이목구비(耳目口鼻)가 뚜렷합니다.

✽ 날씨가 건조해져서 비염(鼻炎)이 심해졌습니다.

1단계 : 또박또박 읽기

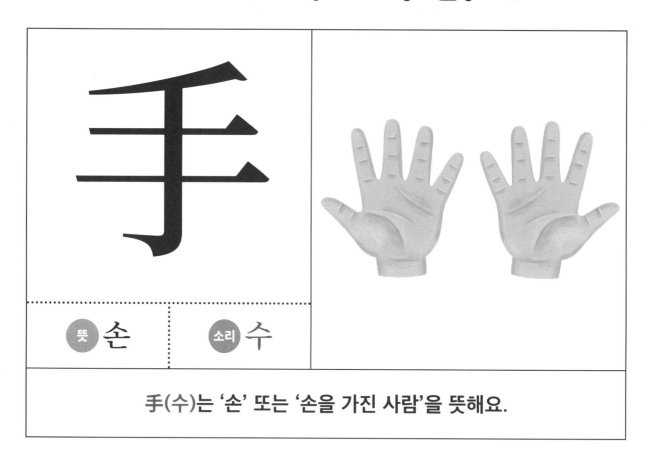

뜻 손   소리 수

手(수)는 '손' 또는 '손을 가진 사람'을 뜻해요.

또박또박 읽고 색칠해 보세요.

뜻	소리	뜻+소리
手	手	手
손	수	손 수
○○○	△△△	□□□

2단계 차근차근 쓰기

총 4획 ▶ 手 手 手 手

手	手	手	手	手	手
손 수	손 수	손 수	손 수	손 수	손 수
손 수	손 수	손 수	손 ( )	손 ( )	손 ( )

3단계 두근두근 어휘력 키우기

手(수)와 다른 글자가 합쳐진 낱말을 보고 문장에서 찾아 ○ 해 보세요.

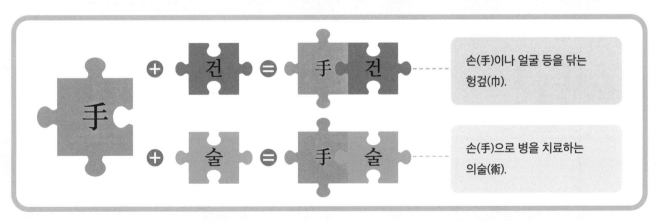

手 + 건 = 手 건 ····· 손(手)이나 얼굴 등을 닦는 헝겊(巾).

手 + 술 = 手 술 ····· 손(手)으로 병을 치료하는 의술(術).

* 수건(手巾)으로 손에 있던 물기를 닦아 냈습니다.
* 무사히 수술(手術)을 마치고 건강을 되찾았습니다.

1단계 : 또박또박 읽기

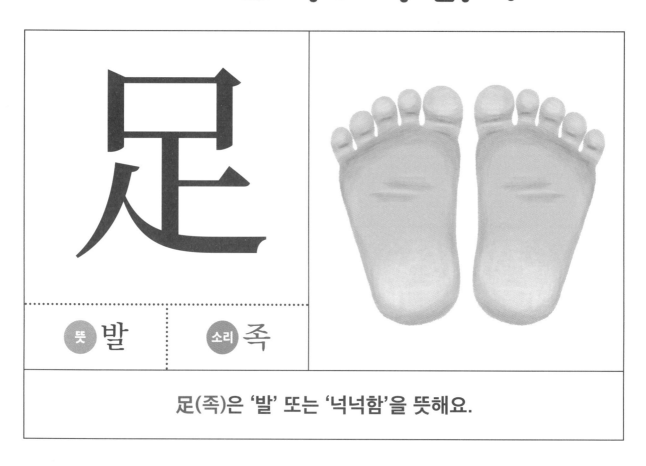

뜻 발	소리 족

足(족)은 '발' 또는 '넉넉함'을 뜻해요.

또박또박 읽고 색칠해 보세요.

뜻

足

발

○○○

소리

足

족

△△△

뜻+소리

足

발족

□□□

2단계 차근차근 쓰기

총 7획

足 足 足 足 足 足 足

足	足	足	足	足	足
발 족	발 족	발 족	발 족	발 족	발 족
발 족	발 족	발 족	발 ( )	발 ( )	발 ( )

3단계 두근두근 어휘력 키우기

足(족)이 들어간 문장이 자연스럽게 이어지도록 선을 그어 보세요.

아버지와 삼촌이 •

• 족구(足球)를 하고
집으로 돌아오셨습니다.

노력한 결과가 •

• 매우 만족(滿足)스러웠습니다.

· 족구(足球): 발(足)로 공(球)을 차서 네트를 넘겨 승부를 겨루는 경기.
· 만족(滿足): 가득하고(滿) 넉넉함(足).

1단계 : 또박또박 읽기

뜻 낯 　 소리 면

面(면)은 '사람의 얼굴' 또는 '겉모습'을 뜻해요.

또박또박 읽고 색칠해 보세요.

뜻	소리	뜻+소리
面	面	面
낯(얼굴)	면	낯 면
○○○	△△△	□□□

2단계 : 차근차근 쓰기

총 9획 → 面 面 面 面 面 面 面 面 面

面	面	面	面	面	面
낯 면	낯 면	낯 면	낯 면	낯 면	낯 면
낯 면	낯 면	낯 면	낯 ( )	낯 ( )	낯 ( )

3단계 : 두근두근 어휘력 키우기

面(면)이 들어간 낱말을 살펴보고 문장에서 찾아 ○ 해 보세요.

화면
텔레비전이나 컴퓨터 등에서 그림(畵)이나 영상이 나타나는 면(面).

畵 화

面 면

假 가

가면
본래의 얼굴을 감추거나 달리 꾸미려 만든 거짓(假) 얼굴(面).

• 텔레비전 화면(畵面)에 나온 주인공이 아주 멋졌습니다.

• 친구들과 가면(假面)을 쓰고 역할놀이를 하였습니다.

1단계 또박또박 읽기

뜻 머리 　소리 두

頭(두)는 '머리' 또는 '처음'을 뜻해요

또박또박 읽고 색칠해 보세요.

뜻	소리	뜻+소리
頭	頭	頭
머리	두	머리 두
○○○	△△△	□□□

2단계 : 차근차근 쓰기

총 16획 頭頭頭頭頭頭頭頭頭頭頭 頭頭頭頭頭

頭	頭	頭	頭	頭	頭
머리 두	머리 두	머리 두	머리 두	머리 두	머리 두
머리 두	머리 두	머리 두	머리 ( )	머리 ( )	머리 ( )

3단계 : 두근두근 어휘력 키우기

頭(두)와 다른 글자가 합쳐진 낱말을 보고 문장에서 찾아 ○ 해 보세요.

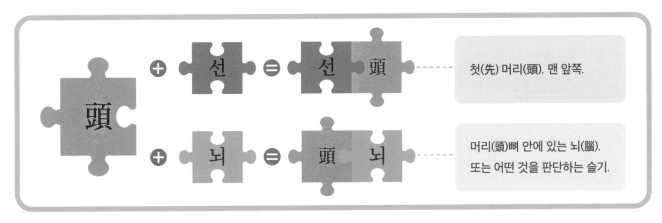

頭 + 선 = 선 頭 ----- 첫(先) 머리(頭). 맨 앞쪽.

頭 + 뇌 = 頭 뇌 ----- 머리(頭)뼈 안에 있는 뇌(腦).
또는 어떤 것을 판단하는 슬기.

* 우리 팀 선수가 선두(先頭)로 올라섰습니다.
* 아인슈타인은 뛰어난 두뇌(頭腦)를 가진 과학자였습니다.

1단계 : 또박또박 읽기

뜻 몸	소리 신

身(신)은 '몸' 또는 '나'를 뜻해요.

또박또박 읽고 색칠해 보세요.

뜻

身

몸

○○○

소리

身

신

△△△

뜻+소리

身

몸신

□□□

2단계 : **차근차근 쓰기**

총 7획 ▶ 身 身 身 身 身 身 身

身	身	身	身	身	身
몸 신	몸 신	몸 신	몸 신	몸 신	몸 신
몸 신	몸 신	몸 신	몸 ( )	몸 ( )	몸 ( )

3단계 : **두근두근 어휘력 키우기**

身(신)이 들어간 문장이 자연스럽게 이어지도록 선을 그어 보세요.

악당이 갑자기 괴물로	•	•	신장(身長)의 차이가 큽니다.

우리 형과 나는	•	•	변신(變身)을 하였습니다.

· 신장(身長): 몸(身)의 길이(長).
· 변신(變身): 몸(身)이나 모습을 다르게 바꿈(變).

1단계 : 또박또박 읽기

뜻 몸	소리 체

體(체)는 '몸'을 뜻해요.

또박또박 읽고 색칠해 보세요.

뜻

體

몸

◯ ◯ ◯

소리

體

체

△ △ △

뜻+소리

體

몸 체

▢ ▢ ▢

2단계 : 차근차근 쓰기

총 23획

體 體 體 體 體 體 體 體 體 體 體 體 體
體 體 體 體 體 體 體 體 體 體 體

體	體	體	體	體	體
몸 체	몸 체	몸 체	몸 체	몸 체	몸 체
몸 체	몸 체	몸 체	몸 ( )	몸 ( )	몸 ( )

3단계 : 두근두근 어휘력 키우기

體(체)가 들어간 낱말을 살펴보고 문장에서 찾아 ○ 해 보세요.

체력
몸(體)의 힘(力).

力
력

體
체

育
육

체육
몸(體)과 운동
능력을 기르는(育)
일이나 교육.

❀ 체력(體力)을 키우기 위해 열심히 운동 중입니다.

❀ 학생들이 운동장에서 체육(體育) 활동을 하고 있습니다.

뜻과 소리 연결하기

耳부터 體까지 한자를 즐겁게 공부하는 시간이에요.
왼쪽의 한자를 잘 보고 알맞은 뜻과 소리를 찾아 연결해 보세요.

手 ·   · 낯 면

鼻 ·   · 몸 체

面 ·   · 눈 목

目 ·   · 코 비

體 ·   · 손 수

그림과 한자 짝짓기

耳부터 體까지는 몸과 관련된 한자예요.
그림을 잘 살펴보고 알맞은 한자를 찾아 연결해 보세요.

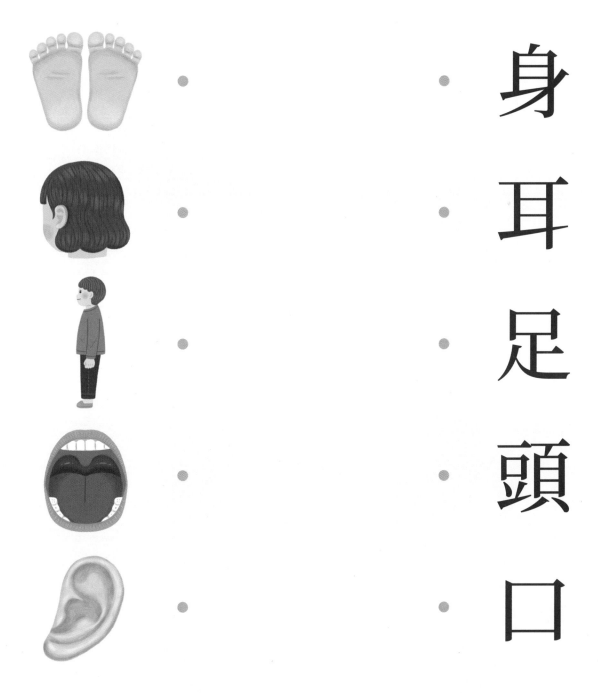

1단계 : 또박또박 읽기

뜻 아버지　소리 부

父(부)는 나를 아끼고 사랑해 주시는 '아버지'를 뜻해요.

또박또박 읽고 색칠해 보세요.

뜻	소리	뜻+소리
父	父	父
아버지	부	아버지 부
○○○	△△△	□□□

2단계 : 차근차근 쓰기

총 4획 ▶ 父 父 父 父

父	父	父	父	父	父
아버지 부	아버지 부	아버지 부	아버지 부	아버지 부	아버지 부
아버지 부	아버지 부	아버지 부	아버지 ( )	아버지 ( )	아버지 ( )

3단계 : 두근두근 어휘력 키우기

父(부)가 들어간 낱말을 살펴보고 문장에서 찾아 ○ 해 보세요.

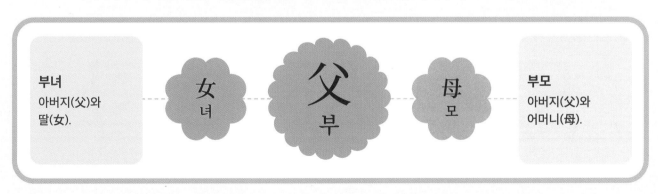

부녀
아버지(父)와
딸(女).

女
녀

父
부

母
모

부모
아버지(父)와
어머니(母).

* 두 부녀(父女)의 얼굴에 웃음꽃이 피었습니다.
* 부모(父母)님과 도란도란 이야기를 나누며 산책하였습니다.

1단계 : 또박또박 읽기

뜻 어머니 　 소리 모

母(모)는 나를 아끼고 사랑해 주시는 '어머니'를 뜻해요.

또박또박 읽고 색칠해 보세요.

뜻

어머니

○○○

소리

모

△△△

뜻+소리

어머니 모

□□□

2단계 : 차근차근 쓰기

총 5획 母 母 母 母 母

母	母	母	母	母	母
어머니 모	어머니 모	어머니 모	어머니 모	어머니 모	어머니 모
어머니 모	어머니 모	어머니 모	어머니 ( )	어머니 ( )	어머니 ( )

3단계 : 두근두근 어휘력 키우기

母(모)와 다른 글자가 합쳐진 낱말을 보고 문장에서 찾아 ○ 해 보세요.

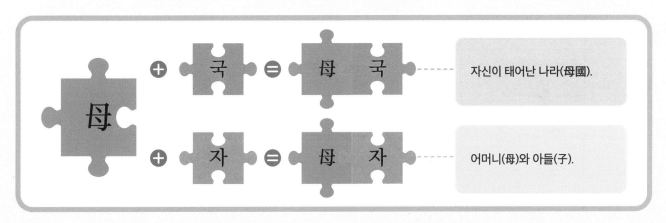

母 + 국 = 母국　자신이 태어난 나라(母國).

母 + 자 = 母자　어머니(母)와 아들(子).

✤ 외국에 살던 삼촌이 드디어 모국(母國)으로 돌아오셨습니다.

✤ 모자(母子)간의 정은 그 어떤 것보다도 두텁습니다.

1단계 : 또박또박 읽기

뜻 아들	소리 자

子(자)는 '아들', '자식', 또는 '사람'을 뜻해요.

또박또박 읽고 색칠해 보세요.

뜻	소리	뜻+소리
子	子	子
아들	자	아들 자
○○○	△△△	□□□

2단계 : **차근차근 쓰기**

총 3획 ▶
子 子 子

子	子	子	子	子	子
아들 자	아들 자	아들 자	아들 자	아들 자	아들 자
아들 자	아들 자	아들 자	아들 ( )	아들 ( )	아들 ( )

3단계 : **두근두근 어휘력 키우기**

子(자)가 들어간 문장이 자연스럽게 이어지도록 선을 그어 보세요.

할머니가 손자(孫子)를 •	• 보고 무척 기뻐하셨습니다.
자녀(子女)는 부모를 •	• 닮기 마련입니다.

• 손자(孫子): 손(孫)을 이을 자기 자식의 아들(子).
• 자녀(子女): 아들(子)과 딸(女).

1단계 : 또박또박 읽기

兄	
뜻 형	소리 형

兄(형)은 동생보다 먼저 태어난 '형'을 뜻해요.

또박또박 읽고 색칠해 보세요.

뜻
兄
형
○○○

소리
兄
형
△△△

뜻+소리
兄
형 형
□□□

2단계 : **차근차근 쓰기**

총 5획 ▶ 兄 兄 兄 兄 兄

兄	兄	兄	兄	兄	兄
형 형	형 형	형 형	형 형	형 형	형 형
형 형	형 형	형 형	형 (　　)	형 (　　)	형 (　　)

3단계 : **두근두근 어휘력 키우기**

兄(형)이 들어간 낱말을 살펴보고 문장에서 찾아 ○ 해 보세요.

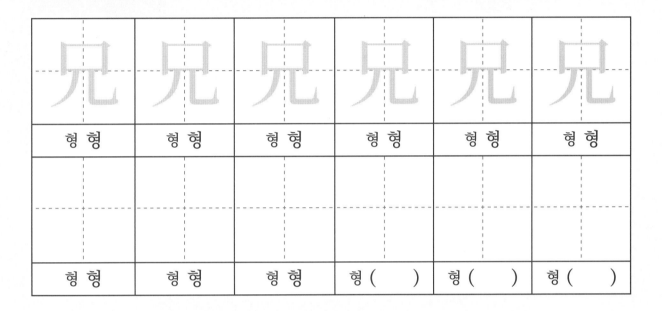

친형
같은 아버지(親)를 둔 형(兄).

親
친

兄
형

妹
매

매형
누나(妹)의 남편을 형(兄)처럼 친근히 부르는 말.

* 옆집 동생은 나를 친형(親兄)처럼 따르곤 합니다.
* 외삼촌이 조카가 누나와 매형(妹兄)을 닮았다고 말씀하셨습니다.

107

1단계 ┊ 또박또박 읽기

뜻 아우	소리 제

弟(제)는 형보다 나이가 어린 '아우', '동생'을 뜻해요.

또박또박 읽고 색칠해 보세요.

뜻	소리	뜻+소리
弟	弟	弟
아우	제	아우 제
○○○	△△△	□□□

2단계 : 차근차근 쓰기

총 7획 弟 弟 弟 弟 弟 弟 弟

弟	弟	弟	弟	弟	弟
아우 제	아우 제	아우 제	아우 제	아우 제	아우 제
아우 제	아우 제	아우 제	아우 ( )	아우 ( )	아우 ( )

3단계 : 두근두근 어휘력 키우기

弟(제)와 다른 글자가 합쳐진 낱말을 보고 문장에서 찾아 ○ 해 보세요.

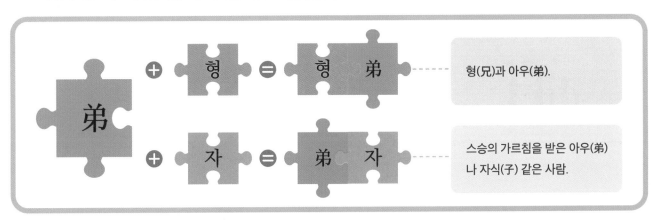

弟 + 형 = 형 弟 ---- 형(兄)과 아우(弟).

弟 + 자 = 弟 자 ---- 스승의 가르침을 받은 아우(弟)나 자식(子) 같은 사람.

* 두 형제(兄弟)가 사이좋게 놀고 있습니다.
* 스승과 제자(弟子)가 함께 길을 걸었습니다.

1단계 : 또박또박 읽기

뜻 할아버지 　소리 조

祖(조)는 '할아버지', '조상'을 뜻해요.

또박또박 읽고 색칠해 보세요.

뜻	소리	뜻+소리
祖	祖	祖
할아버지	조	할아버지 조
○○○	△△△	□□□

2단계 : **차근차근 쓰기**

총 10획 祖 祖 祖 祖 祖 祖 祖 祖 祖 祖

祖	祖	祖	祖	祖	祖
할아버지 조	할아버지 조	할아버지 조	할아버지 조	할아버지 조	할아버지 조
할아버지 조	할아버지 조	할아버지 조	할아버지 ( )	할아버지 ( )	할아버지 ( )

3단계 : **두근두근 어휘력 키우기**

祖(조)가 들어간 문장이 자연스럽게 이어지도록 선을 그어 보세요.

조모(祖母)님이 •   • 내려온 물건이 있습니다.

조상(祖上) 대대로 •   • 차려 주신 밥을 먹었습니다.

· 조모(祖母): 할아버지(祖)의 아내이자 아버지의 어머니(母)인 할머니를 일컫는 말.
· 조상(祖上): 선조(祖)가 된 윗(上)세대의 어른.

111

1단계 : 또박또박 읽기

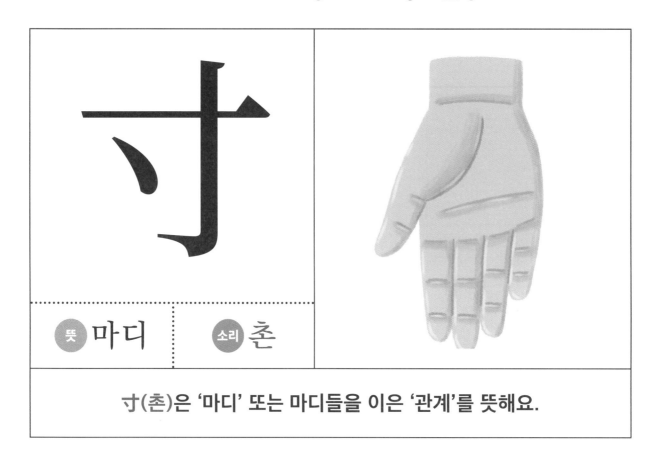

뜻 마디　　소리 촌

寸(촌)은 '마디' 또는 마디들을 이은 '관계'를 뜻해요.

또박또박 읽고 색칠해 보세요.

뜻	소리	뜻+소리

마디	촌	마디 촌
○○○	△△△	□□□

2단계 : 차근차근 쓰기

총 3획 ▶ 寸 寸 寸

寸	寸	寸	寸	寸	寸
마디 촌	마디 촌	마디 촌	마디 촌	마디 촌	마디 촌
마디 촌	마디 촌	마디 촌	마디 ( )	마디 ( )	마디 ( )

3단계 : 두근두근 어휘력 키우기

寸(촌)이 들어간 낱말을 살펴보고 문장에서 찾아 ○ 해 보세요.

오촌
친척 가운데
다섯(五) 번째
관계(寸).
아버지의 사촌.

五
오

寸
촌

外三
외삼

외삼촌
외가(外)쪽의
삼촌(三寸) 관계.
어머니의 남자 형제.

✤ 명절에 오촌(五寸) 친척을 처음 만났습니다.

✤ 외삼촌(外三寸)이 우리를 보고 반갑게 인사하셨습니다.

1단계 : 또박또박 읽기

뜻 집 소리 가

家(가)는 '집' 또는 '가족'을 뜻해요.

또박또박 읽고 색칠해 보세요.

뜻	소리	뜻+소리
家	家	家
집	가	집 가
○○○	△△△	□□□

2단계 : 차근차근 쓰기

총 10획 家家家家家家家家家家

家	家	家	家	家	家
집 가	집 가	집 가	집 가	집 가	집 가
집 가	집 가	집 가	집 ( )	집 ( )	집 ( )

3단계 : 두근두근 어휘력 키우기

家(가)와 다른 글자가 합쳐진 낱말을 보고 문장에서 찾아 ○ 해 보세요.

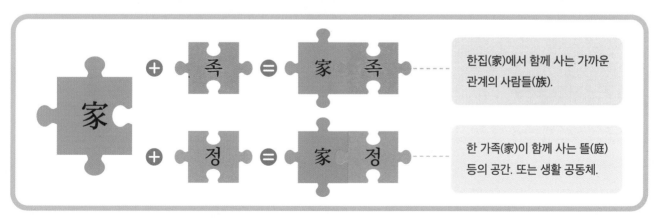

家 + 족 = 家 족 한집(家)에서 함께 사는 가까운 관계의 사람들(族).

家 + 정 = 家 정 한 가족(家)이 함께 사는 뜰(庭) 등의 공간. 또는 생활 공동체.

✽ 우리 가족(家族)은 모두 4명입니다.

✽ 나와 동생은 밝고 화목한 가정(家庭)에서 자랐습니다.

115

1단계 : 또박또박 읽기

男
뜻 사내　소리 남

男(남)은 '사내', '남자', 또는 '아들'을 뜻해요.

또박또박 읽고 색칠해 보세요.

뜻	소리	뜻+소리
男	男	男
사내	남	사내 남
○○○	△△△	□□□

2단계 : **차근차근 쓰기**

총 7획 ▶ 男 男 男 男 男 男 男

男	男	男	男	男	男
사내 남	사내 남	사내 남	사내 남	사내 남	사내 남
사내 남	사내 남	사내 남	사내 ( )	사내 ( )	사내 ( )

3단계 : **두근두근 어휘력 키우기**

男(남)이 들어간 문장이 자연스럽게 이어지도록 선을 그어 보세요.

사이가 무척 좋은 • • 위치를 알려 주었습니다.

남자(男子) 화장실이 있는 • • 두 남매(男妹)가 있습니다.

· 남자(男子): 남성(男)으로 태어난 사람(子).
· 남매(男妹): 오빠(男)와 누이(妹).

117

1단계 : 또박또박 읽기

뜻 여자   소리 여

女(여)는 '여자' 또는 '딸'을 뜻해요.

또박또박 읽고 색칠해 보세요.

뜻	소리	뜻+소리
女	女	女
여자	여(녀)	여자 여
○○○	△△△	□□□

2단계 : **차근차근 쓰기**

총 3획

女 女 女

女	女	女	女	女	女
여자 여	여자 여	여자 여	여자 여	여자 여	여자 여
여자 여	여자 여	여자 여	여자 ( )	여자 ( )	여자 ( )

3단계 : **두근두근 어휘력 키우기**

女(여)가 들어간 낱말을 살펴보고 문장에서 찾아 ○ 해 보세요.

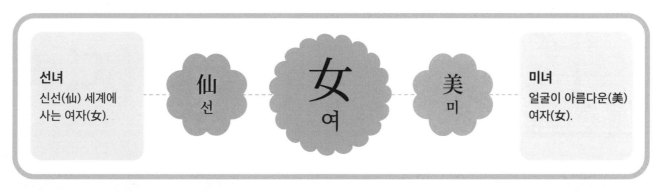

선녀
신선(仙) 세계에
사는 여자(女).

仙
선

女
여

美
미

미녀
얼굴이 아름다운(美)
여자(女).

* 아빠가 『선녀(仙女)와 나무꾼』 이야기를 들려주셨습니다.
* 친구들과 「미녀(美女)와 야수」 만화 영화를 보았습니다.

뜻과 소리 연결하기

父부터 女까지 한자를 즐겁게 공부하는 시간이에요.
왼쪽의 한자를 잘 보고 알맞은 뜻과 소리를 찾아 연결해 보세요.

女　·　　　·　아들 자

父　·　　　·　아우 제

家　·　　　·　여자 여

子　·　　　·　아버지 부

弟　·　　　·　집 가

재미있는 미로 찾기

선생님이 미로에서 학교를 찾고 있어요.
가족과 관련된 한자를 따라 선을 그으며 미로를 통과해 보세요.

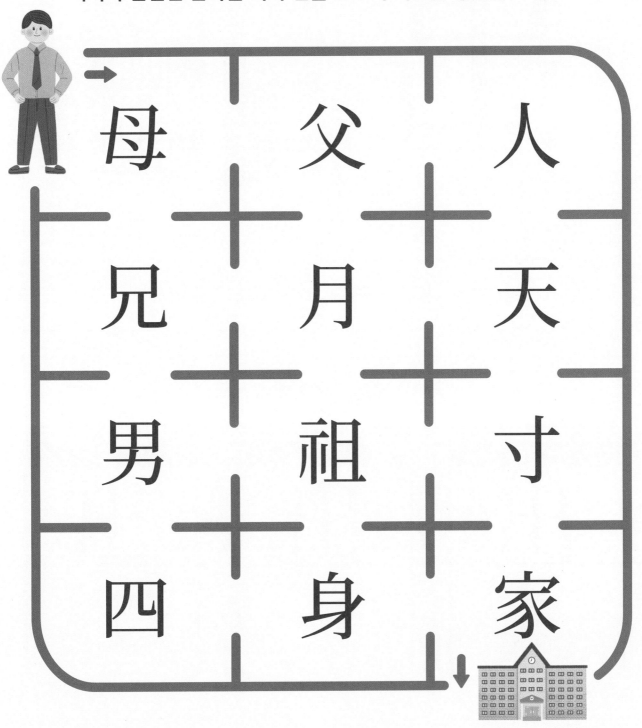

1단계 : 또박또박 읽기

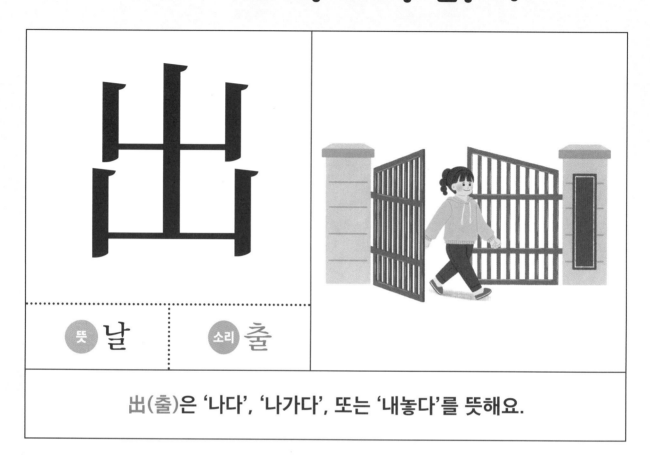

뜻 날　소리 출

出(출)은 '나다', '나가다', 또는 '내놓다'를 뜻해요.

또박또박 읽고 색칠해 보세요.

뜻	소리	뜻+소리
出	出	出
날	출	날 출
○○○	△△△	□□□

2단계 : 차근차근 쓰기

총 5획 ▶ 出 出 出 出 出

出	出	出	出	出	出
날 출	날 출	날 출	날 출	날 출	날 출
날 출	날 출	날 출	날 ( )	날 ( )	날 ( )

3단계 : 두근두근 어휘력 키우기

出(출)이 들어간 낱말을 살펴보고 문장에서 찾아 ○ 해 보세요.

출석
어떤 자리(蓆)에 나감(出).

蓆 석

出 출

發 발

출발
머무던 곳을 나서서 (出) 길을 떠남(發). 또는 어떤 일을 시작함.

✿ 수업을 시작하기 전, 선생님이 출석(出席)을 부르셨습니다.

✿ 현장체험학습 장소를 향해 다 같이 출발(出發)하였습니다.

123

1단계 : 또박또박 읽기

뜻 들   소리 입

入(입)은 입구의 모습을 나타낸 글자로, '들어가다'를 뜻해요.

또박또박 읽고 색칠해 보세요.

뜻	소리	뜻+소리

들(들어갈)	입	들 입
○○○	△△△	□□□

2단계 : 차근차근 쓰기

총 2획 ▶ 入 入

入	入	入	入	入	入
들 입	들 입	들 입	들 입	들 입	들 입
들 입	들 입	들 입	들 ( )	들 ( )	들 ( )

3단계 : 두근두근 어휘력 키우기

入(입)과 다른 글자가 합쳐진 낱말을 보고 문장에서 찾아 ○ 해 보세요.

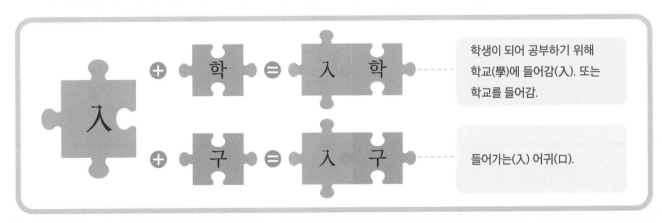

入 + 학 = 入 학
학생이 되어 공부하기 위해 학교(學)에 들어감(入). 또는 학교를 들어감.

入 + 구 = 入 구
들어가는(入) 어귀(口).

• 부모님이 초등학교 입학(入學)을 축하해 주셨습니다.

• 도서관 입구(入口)에서 친구를 만났습니다.

1단계 : 또박또박 읽기

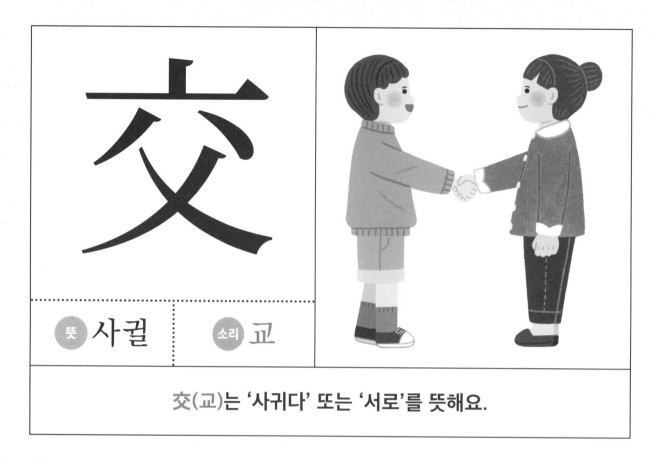

交

뜻 사귈　　**소리** 교

交(교)는 '사귀다' 또는 '서로'를 뜻해요.

또박또박 읽고 색칠해 보세요.

뜻	소리	뜻+소리
交	交	交
사귈	교	사귈 교
○○○	△△△	□□□

2단계 : 차근차근 쓰기

총 6획	交 交 交 交 夊 交

交	交	交	交	交	交
사귈 교	사귈 교	사귈 교	사귈 교	사귈 교	사귈 교
사귈 교	사귈 교	사귈 교	사귈 ( )	사귈 ( )	사귈 ( )

3단계 : 두근두근 어휘력 키우기

交(교)가 들어간 문장이 자연스럽게 이어지도록 선을 그어 보세요.

백화점이나 시장은	•	•	교환(交換)해서 읽기로 하였습니다.

짝꿍과 동화책을	•	•	교통(交通)이 편한 곳에 있습니다.

· 교환(交換): 물건 등을 서로(交) 주고받아 바꿈(換).
· 교통(交通): 오고 가며 서로(交) 통(通)함. 자동차나 기차 등으로 사람이 오고 가거나 짐을 나르는 일.

1단계 : 또박또박 읽기

뜻 벗　소리 우

友(우)는 '벗', '친구'를 뜻해요.

또박또박 읽고 색칠해 보세요.

뜻
友
벗
○ ○ ○

소리
友
우
△ △ △

뜻+소리
友
벗 우
□ □ □

2단계 : **차근차근 쓰기**

총 4획

友 友 友 友

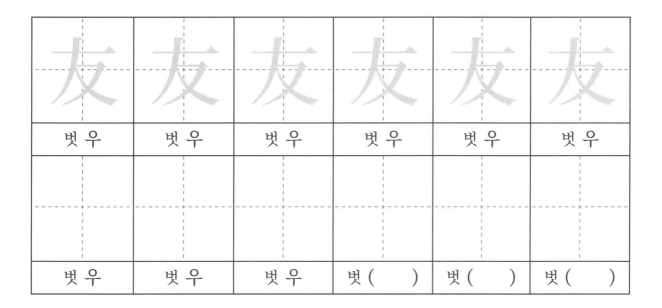

友	友	友	友	友	友
벗 우	벗 우	벗 우	벗 우	벗 우	벗 우
벗 우	벗 우	벗 우	벗 ( )	벗 ( )	벗 ( )

3단계 : **두근두근 어휘력 키우기**

友(우)가 들어간 낱말을 살펴보고 문장에서 찾아 ○ 해 보세요.

우정
친구(友) 간에
느끼는 정(情).

情
정

友
우

愛
애

우애
친구(友) 또는
형제 사이의
정이나 사랑(愛).

* 친구와 변치 않는 우정(友情)을 약속하였습니다.
* 두 친구의 우애(友愛)는 남달랐습니다.

1단계 : 또박또박 읽기

뜻 배울　소리 학

學(학)은 '배우다', '공부하다'를 뜻해요.

또박또박 읽고 색칠해 보세요.

뜻	소리	뜻+소리
學	學	學
배울	학	배울 학
○○○	△△△	□□□

2단계 : 차근차근 쓰기

총 16획 → 學 學 學 學 學 學 學 學 學 學 學 學 學 學 學 學

學	學	學	學	學	學
배울 학	배울 학	배울 학	배울 학	배울 학	배울 학
배울 학	배울 학	배울 학	배울 ( )	배울 ( )	배울 ( )

3단계 : 두근두근 어휘력 키우기

學(학)과 다른 글자가 합쳐진 낱말을 보고 문장에서 찾아 ○ 해 보세요.

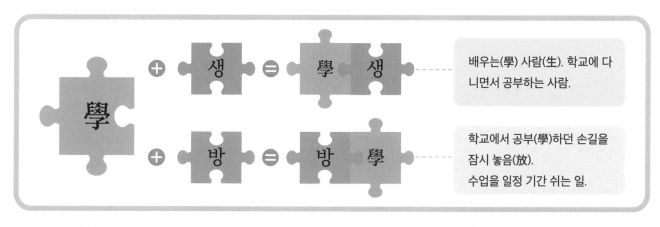

學 + 생 = 學 생 ······ 배우는(學) 사람(生). 학교에 다니면서 공부하는 사람.

學 + 방 = 방 學 ······ 학교에서 공부(學)하던 손길을 잠시 놓음(放). 수업을 일정 기간 쉬는 일.

❁ 학생(學生)들과 선생님이 함께 교실을 대청소하였습니다.

❁ 규칙적인 생활을 위해 방학(放學) 계획표를 짰습니다.

1단계 또박또박 읽기

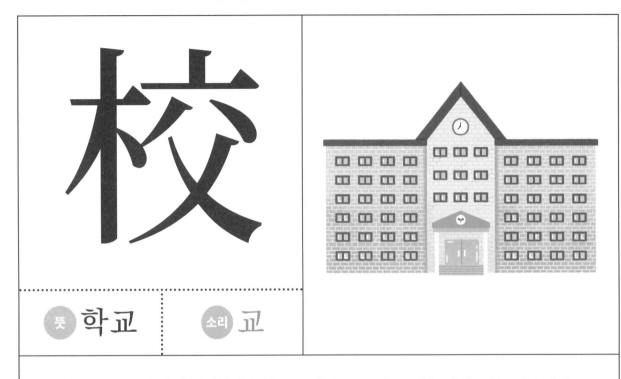

뜻 학교 　 소리 교

校(교)는 선생님이 학생들을 모아 놓고 가르치는 '학교'를 뜻해요.

또박또박 읽고 색칠해 보세요.

2단계 : 차근차근 쓰기

총 10획 校校校校校校校校校校

校	校	校	校	校	校
학교 교	학교 교	학교 교	학교 교	학교 교	학교 교
학교 교	학교 교	학교 교	학교 ( )	학교 ( )	학교 ( )

3단계 : 두근두근 어휘력 키우기

校(교)가 들어간 문장이 자연스럽게 이어지도록 선을 그어 보세요.

등교(登校) 전에 • • 아침을 먹었습니다.

하교(下交)를 하고 • • 엄마를 만났습니다.

· 등교(登校): 학생이 수업을 받기 위해 계단을 오르며(登) 학교(校)에 감.
· 하교(下校): 학생이 학교(校)에서 공부를 마치고 계단을 내려오며(下) 돌아옴.

1단계 또박또박 읽기

뜻 가르칠　소리 교

教(교)는 '가르치다', '익히게 하다'를 뜻해요.

또박또박 읽고 색칠해 보세요.

뜻

가르칠

○○○

소리

교

△△△

뜻+소리

가르칠 교

□□□

2단계 : 차근차근 쓰기

총 11획 教 教 教 教 教 教 教 教 教 教 教

教	教	教	教	教	教
가르칠 교	가르칠 교	가르칠 교	가르칠 교	가르칠 교	가르칠 교
가르칠 교	가르칠 교	가르칠 교	가르칠 ( )	가르칠 ( )	가르칠 ( )

3단계 : 두근두근 어휘력 키우기

教(교)가 들어간 낱말을 살펴보고 문장에서 찾아 ○ 해 보세요.

교육
지식과 기술 등을 가르치며(敎) 바른 인성을 길러(育) 줌.

育
육

敎
교

師
사

교사
일정한 자격을 가지고 학교에서 학생을 가르치는(敎) 스승(師).

* 부모님은 언제나 교육(敎育)에 관심이 많으십니다.
* 교사(敎師)와 학생 간의 믿음은 매우 중요합니다.

1단계 : 또박또박 읽기

뜻 집　소리 실

室(실)은 '집' 또는 '방'을 뜻해요.

또박또박 읽고 색칠해 보세요.

뜻	소리	뜻+소리

집	실	집 실
○○○	△△△	□□□

2단계 : 차근차근 쓰기

총 9획 ▶ 室室室室室室室室室

室	室	室	室	室	室
집 실	집 실	집 실	집 실	집 실	집 실
집 실	집 실	집 실	집 (　　)	집 (　　)	집 (　　)

3단계 : 두근두근 어휘력 키우기

室(실)과 다른 글자가 합쳐진 낱말을 보고 문장에서 찾아 ○ 해 보세요.

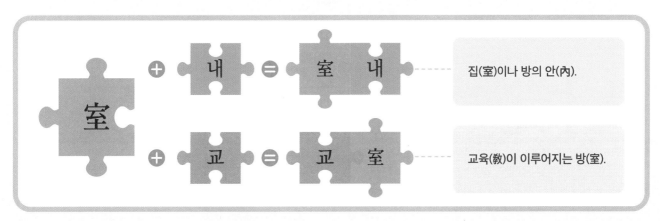

室 + 내 = 室 내 ----- 집(室)이나 방의 안(內).

室 + 교 = 교 室 ----- 교육(敎)이 이루어지는 방(室).

❋ 실내(室內)에서는 실내화를 신어야 합니다.

❋ 수업이 시작되기 전에 미리 교실(敎室)로 들어갔습니다.

1단계 또박또박 읽기

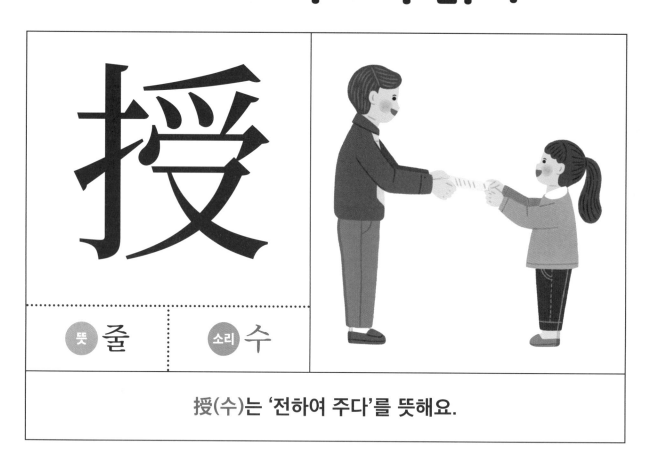

뜻 줄　소리 수

授(수)는 '전하여 주다'를 뜻해요.

또박또박 읽고 색칠해 보세요.

뜻	소리	뜻+소리
授	授	授
줄	수	줄 수
○○○	△△△	□□□

2단계 : 차근차근 쓰기

총 11획 授授授授授授授授授授授

授	授	授	授	授	授
줄 수	줄 수	줄 수	줄 수	줄 수	줄 수
줄 수	줄 수	줄 수	줄 ( )	줄 ( )	줄 ( )

3단계 : 두근두근 어휘력 키우기

授(수)가 들어간 문장이 자연스럽게 이어지도록 선을 그어 보세요.

무척이나 재미있고 유익한 •

• 수업(授業) 시간이었습니다.

성적이 우수한 학생에게 •

• 상장을 수여(授與)하였습니다.

· 수업(授業): 교사가 학생에게 학업(業)을 가르쳐 줌(授).
· 수여(授與): 상장 같은 것을 줌(授與).

1단계 : 또박또박 읽기

뜻 업　소리 업

業(업)은 '주어진 일' 또는 '먹고살기 위해 하는 일'을 뜻해요.

또박또박 읽고 색칠해 보세요.

뜻	소리	뜻+소리
 업 ○○○	業 업 △△△	業 업 업 □□□

2단계 : 차근차근 쓰기

총 13획 ▶ 業業業業業業業業業業業
業業

業	業	業	業	業	業
업업	업업	업업	업업	업업	업업
업업	업업	업업	업( )	업( )	업( )

3단계 : 두근두근 어휘력 키우기

業(업)이 들어간 낱말을 살펴보고 문장에서 찾아 ○ 해 보세요.

직업
사회에서 살아가기 위해 지속적으로 하는 일(職業).

職 직

業 업

學 학

학업
배우는(學) 일(業).

* 직업(職業)을 선택할 때에는 자신의 적성과 능력을 고려해야 합니다.
* 선생님이 학업(授業) 성적이 우수하다며 칭찬해 주셨습니다.

뜻과 소리 연결하기

出부터 業까지 한자를 즐겁게 공부하는 시간이에요.
왼쪽의 한자를 잘 보고 알맞은 뜻과 소리를 찾아 연결해 보세요.

交 ·

出 ·

學 ·

友 ·

授 ·

· 날 출

· 배울 학

· 벗 우

· 사귈 교

· 줄 수

알맞은 낱말 색칠하기

두근두근 낱말 하트예요.
出부터 業까지 학교생활 한자가 들어간 하트를 찾아 색칠해 보세요.

四월   入학   天하

友정   東해

母국   수業   敎사

주目   오寸

한 권으로 끝내는 문해력 첫 한자

1단계 6~7세

초판 1쇄 발행 2022년 4월 1일

지은이 전기현
그린이 꽃비
펴낸이 민혜영
펴낸곳 (주)카시오페아 출판사
주소 서울시 마포구 월드컵로 14길 56, 2층
전화 02-303-5580 | 팩스 02-2179-8768
홈페이지 www.cassiopeiabook.com | 전자우편 editor@cassiopeiabook.com
출판등록 2012년 12월 27일 제2014-000277호
책임편집 최유진, 진다영 | 책임디자인 최예슬
편집 최유진, 이수민, 진다영, 공하연 | 디자인 이성희, 최예슬 | 마케팅 허경아, 홍수연, 변승주

ⓒ전기현, 2022
ISBN 979-11-6827-025-1 63710

• 잘못된 책은 구입하신 곳에서 바꿔 드립니다.
• 책값은 뒤표지에 있습니다.